漢文基本句形一覧

●否定形

※ページは、本冊における掲載箇所(「基本句形の整理」)を表します。

句形	読み	意味	ページ
不レ～(セ)	～(せ)ず	～しない ～でない	10
非ズレ～ニ	～に非《あら》ず	～ではない	10
無シレ～	～無《な》し	～がない ～がいない	10
勿カレ～(スル)[コト]	～(する)[こと]勿《な》かれ	～するな ～してはいけない	11
非ズレ不ルニレ～(セ)	～(せ)ざるに非《あら》ず	～しないのではない	12
無シレ不ル(ハ)レ～(セ)	～(せ)ざる(は)無《な》し	～しないこと(もの・人)はない	13
無シ二Aトシテ不一レル(ハ)B(セ)	AとしてB(せ)ざる(は)無《な》し	どんなAでもBしないものはない	
未ダ二嘗テ不一レンバアラ～(セ)	未《いま》だ嘗《かつ》て～(せ)ずんばあらず	これまで～しなかったことはない	
不二敢ヘテ不一レンバアラ～(セ)	敢《あ》へて～(せ)ずんばあらず	どうしても～しないわけにはいかない	
不二必ズシモ不一レンバアラ～(セ)	必《かなら》ずしも～(せ)ずんばあらず	必ずしも～しないわけではない	
不レ可カラレ不ルレ～(セ)	～(せ)ざるべからず	～しないべきではない	13
不レ可カラ二勝ゲテ～(ス)一	勝《あ》げて～(す)べからず	多すぎて～しきれない	
不二常ニハ～(セ)一	常《つね》には～(せ)ず	いつも～するとは限らない	14
常ニ不レ～(セ)	常《つね》に～(せ)ず	いつも～しない	15

●疑問形

句形	読み	意味	ページ
～(スル)乎か	～(する)か	～するのか	16
何ゾ～(スル)	何《なん》ぞ～(する)	どうして～するのか	17
安クンゾ～(スル)	安《いづ》くんぞ～(する)	どうして～するのか	17
誰カ～(スル)	誰《たれ》か～(する)	誰が～するのか	17
何ヲカ～(スル)	何《なに》をか～(する)	何を～するのか	19
何クニカ～(スル)	何《いづ》くにか～(する)	どこで(に)～するのか	19
孰レカ～(スル)	孰《いづ》れか～(する)	どれ(誰・どちら)が～するのか	19
何為レゾ～(スル)	何為《なんす》れぞ～(する)	どうして～するのか	20
如何ゾ～(スル)	如何《いかん》ぞ～(する)	どうして～するのか	
何ヲ以ツテ(カ)～(スル)	何《なに》を以《も》つて(か)～(する)	(1)どうして～するのか〈原因・理由〉 (2)どうやって～するのか〈方法・手段〉	20
～(ハ)何如	～(は)何如《いかん》	～はどのようであるか	20
～(ハ)幾何ゾ	～(は)幾何《いくばく》ぞ	～はどれほどか	21
～(スル)ヤ不ヤ	～(する)や不《いな》や	～するか、しないか	
如レ～ヲ何セン	～を如何《いかん》せん	～をどうするか(どうすればよいか)	

● 反語形

句形	読み	意味	頁
～（セ）ン乎や	～（せ）んや	～しようか、いや、～しない	23
何ゾ～（セ）ン	何《なん》ぞ～（せ）ん	どうして～しようか、いや、～しない	23
何ヲカ～（セ）ン	何《なに》をか～（せ）ん	何を～しようか、いや、何も～しない	
何クニカ～（セ）ン	何《いづ》くにか～（せ）ん	どこで（に）～しようか、いや、どこでも（にも）～しない	
安クンゾ～（セ）ン	安《いづ》くんぞ～（せ）ん	どうして～しようか、いや、～しない	23
誰カ～（セ）ン	誰《たれ》か～（せ）ん	誰が～しようか、いや、誰も～しない	
孰レカ～（セ）ン	孰《いづ》れか～（せ）ん	どれ（誰・どちら）が～しようか、いや、どれ（誰・どちら）も～しない	
何為レゾ～（セ）ン	何為《なんす》れぞ～（せ）ん	どうして～しようか、いや、～しない	24
如何ゾ～（セ）ン	如何《いかん》ぞ～（せ）ん	どうして～しようか、いや、～しない	
何ヲ以ツテ（カ）～（セ）ン	何《なに》を以《も》つて（か）～（せ）ん	(1)どうして～しようか、いや、～しない〈原因・理由〉 (2)どうやって～しようか、いや、どうしようもない〈方法・手段〉	24
如レ～ヲ何セン	～を如何《いかん》せん	～をどうしようか（どうすればよいか）、いや、どうしようもない	25
豈ニ～（セ）ン	豈《あ》に～（せ）ん	どうして～しようか、いや、～しない	27
独リ～（セ）ン	独《ひと》り～（せ）ん	どうして～しようか、いや、～しない	27
～（ハ）幾何ゾ	～（は）幾何《いくばく》ぞ	～はどれほどか、いや、どれほどもない	

● 感嘆形

句形	読み	意味	頁
嗚呼、～	嗚呼《ああ》、～	ああ、～（だなあ）	28
～哉	～かな	～だなあ	29
一ニ何ゾ～	一《いつ》に何《なん》ぞ～	なんとまあ～だなあ	30
非ズレ～ニ乎	～に非《あら》ずや	なんと～ではないか	30
豈ニ不レ～乎	豈《あ》に～ずや	なんと～ではないか	31
不ニ亦～一乎	亦《また》～ずや	なんと～ではないか	31
何ゾ〔其レ〕～也	何《なん》ぞ〔其《そ》れ〕～や	なんと～だなあ	31

● 使役形

句形	読み	意味	頁
使ムニAヲシテB一（セ）	AをしてB（せ）しむ	AにBさせる	33
命ジテレAニB（セ）シム	Aに命《めい》じてB（せ）しむ	Aに命令してBさせる	34
遣ハシテレAヲB（セ）シム	Aを遣《つか》はしてB（せ）しむ	Aを派遣してBさせる	

● 受身形

句形	読み	意味	頁
見る/らル（セ）レ～	～る ～（せ）らる	～される	36
Aル／（セ）ラルニ於B一ニ	BにAる BにA（せ）らる	BにAされる	37

句法	書き下し	訳	ページ
為《ル》二A《ノ》所《ト》レB《(スル)》	AのB(する)所《ところ》と為《な》る	AにBされる	38
封《ゼラル》レ〜《ニ》	〜に封《ほう》ぜらる	〜に(として)領地を与えられる	41

●仮定形

句法	書き下し	訳	ページ
如《シ》〜《バ》	如《も》し〜ば	もしも〜ならば	42
苟《シクモ》〜《バ》	苟《いや》しくも〜ば	もしも〜ならば	
縦《ヒ》〜《トモ》	縦《たと》ひ〜とも	たとえ(仮に)〜だとしても(であっても)	42
〜《バ》則《チ》	〜ば則《すなは》ち	〜ならば(そのときは)	
雖《モ》レ〜《ト》	〜と雖《いへど》も	たとえ(仮に)〜だとしても(であっても)	42
今〜《バ》	今《いま》〜ば	もしも今〜ならば	
使《メバ》二A《ヲシテ》B《(セ)》一	AをしてB(せ)しめば	AにBさせたならば	45
不《ンバ》レA《(セ)》不レB《(セ)》	A(せ)ずんばB(せ)ず	AしなければBしない	45

●限定形

句法	書き下し	訳	ページ
唯《ダ》〜《(ノミ)》	唯《た》だ〜(のみ)	ただ〜だけ	46
独《リ》〜《(ノミ)》	独《ひと》り〜(のみ)	ただ〜だけ	
〜耳	〜のみ	〜だけだ 〜にすぎない	47

●累加形

句法	書き下し	訳	ページ
不二唯《ダニ》〜《ノミナラ》一	唯《た》だに〜のみならず	ただ〜だけでなく	49
豈《ニ》唯《ダニ》〜《ノミナラン》	豈《あ》に唯《た》だに〜のみならん	どうしてただ〜だけであろうか	

●比較形

句法	書き下し	訳	ページ
A《ハ》不レ如《カ》レB《ニ》	AはBに如《し》かず	AはBに及ばない(AよりBの程度が上)	50
A《ハ》C二於B《ヨリ(モ)》一	AはBより(も)C	AはBよりもCである	51
莫《シ》レA《ハ》二於B《ヨリ(モ)》一	Bより(も)Aは莫《な》し	BよりもAであるものはない	52
莫《シ》レ如《クハ》レ〜《ニ》	〜に如《し》くは莫《な》し	〜に及ぶものはない	53
莫《シ》レ〜《ハ》レ焉《ヨリ(モ)》	焉《これ》より(も)〜は莫《な》し	これよりも〜であるものはない	53
与《リハ》二其《ノ》A《(セ)ン》一寧《ロ》B《(セヨ)》	其《そ》のA(せ)んよりは寧《むし》ろB(せよ)	Aするよりは、いっそBしたほうがよい	54
寧《ロ》A《(ス)トモ》無《カレ》レB《(スル)[コト]》	寧《むし》ろA(す)とも B(する)[こと]無かれ	いっそAしてもBするな	55
A《ハ》孰二与《レゾ》B《ニ》一	AはBに孰与《いづ》れぞ	AはBと比べてどうか(Bのほうがよい)	

●抑揚形

句法	書き下し	訳	ページ
A《スラ》且《ツ》B、況《ンヤ》C乎《ヲや》	Aすら且《か》つB、況《いは》んやCをや	AでさえBだ、ましてCならなおさらだ	57
A《スラ》且《ツ》B、安《クンゾ》C《(セ)ン》	Aすら且《か》つB、安《いづ》くんぞC(せ)ん	AでさえBなのに、どうしてCしようか	

●願望形

句法	書き下し	訳	ページ
欲《ス》レ〜《(セ)ント》	〜(せ)んと欲《ほっ》す	〜したい 〜であってほしい	59
請《フ》〜《(セ)ン[コトヲ]/(セヨ)》	請《こ》ふ〜(せ)ん[ことを] 請ふ〜(せよ)	どうか〜させてください どうか〜してください	59
願《ハクハ》〜《(セ)ン[コトヲ]/(セヨ)》	願《ねが》はくは〜(せ)ん[ことを] 願はくは〜(せよ)	どうか〜させてください どうか〜してください	59

はしがき

『ニューフェイズ』シリーズは、基礎レベルから大学入試レベルへとステップアップしながら新しい入試にも対応できる力を養成することをねらいとした問題集シリーズです。幅広いジャンルから厳選した良質な文章を数多く読み込むことで、あらゆる文章に対応できる読解力が身につくように構成しています。また、大学入学共通テストをはじめとするさまざまな大学入試の出題傾向を参考にした「読み比べ」問題も収録しています。

本書の特色

一．基礎事項の整理・確認と問題演習からなる導入と、「本文の展開」「読解問題」「基本句形の整理」からなる問題演習で構成し、各回に計50点を配点しました。

二．巻末付録は、「『読み比べ』問題に取り組む際のポイント」「技能別採点シート」を用意しました。「技能別採点シート」では、各設問についている「設問区分」ごとの点数を集計することができ、自分の弱点を把握することができます。

※本シリーズで取り上げた本文は、問題集の体裁上の配慮により、原典から文章の中略や表記の変更を行ったものもあります。

使い方のポイント

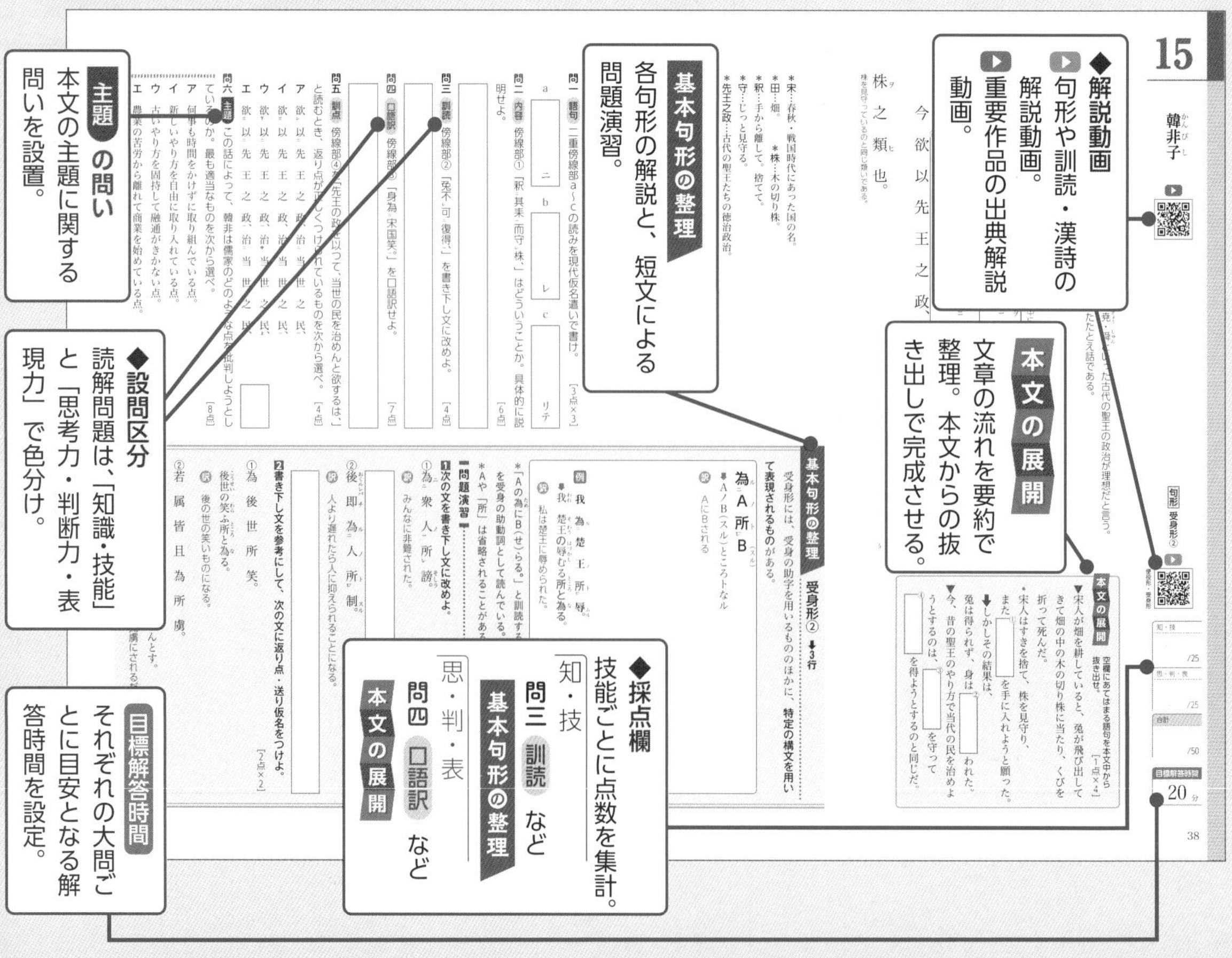
◆解説動画
句形や訓読・漢詩の解説動画。
重要作品の出典解説動画。
本文の展開
文章の流れを要約で整理。本文からの抜き出しで完成させる。
基本句形の整理
各句形の解説と、短文による問題演習。
主題の問い
本文の主題に関する問いを設置。
◆設問区分
読解問題は、「知識・技能」と「思考力・判断力・表現力」で色分け。
◆採点欄
技能ごとに点数を集計。
知・技 問三 訓読 基本句形の整理 など
思・判・表 問四 口語訳 本文の展開 など
目標解答時間
それぞれの大問ごとに目安となる解答時間を設定。

ニューフェイズ 漢文 必修

目次

解答のルール

解答欄のマス目の使い方

一マスに一字が基本。

句読点や記号、カギカッコなども字数に数える。

原稿用紙とは違うので、行末のマス目に文字と句読点などをいっしょに入れないようにしよう。

記述問題の答え方

理由を説明せよ、～はなぜか→解答の文末を「～から。」「～ので。」とする。
～はどういうことか→解答の文末を「～こと。」とする。
～はどのような心情か→解答の文末を「～(という)心情(気持ち)。」とする。

読みの答え方

指定がない場合は平仮名・歴史的仮名遣いで答える。
例 所-以↓
○ゆゑん**〈歴史的仮名遣い〉**
×ゆえん**〈現代仮名遣い〉**

書き下し文の答え方

①文語文法に従い、歴史的仮名遣いで書く。
②送り仮名は平仮名で書く。
③原文の漢字はそのまま用いることを原則とする。
次の場合は平仮名にする。
ア 文語文法の助詞と助動詞にあたるもの。
例 之→**の**　与→**と**
不→**ず**　也→**なり**
イ 再読文字で二度目に読む部分。
例 将→将に〜**す**
当→当に〜**べし**
④訓読しない漢字は書き下し文には表さない。
例 **於　焉　矣**

解説動画アイコン

▶ 出典
▶ 訓読・句形・漢詩

訓読のきまり

訓読・書き下し・返り点

知・技 /50

目標解答時間 20分

◆訓読と訓点

私たちの祖先は、日本語とは構造や性質の異なる中国語の文章(漢文)を日本語で読む方法を考え出した。それが**訓読**である。

漢文と日本語の文の語順は、必ずしも同じではない。その場合、漢文を日本語の語順に変えて読むことを示す必要がある。そのための符号を**返り点**といい、漢字の左横下に記す。また、訓読する際には、漢文にはない活用語の活用語尾や助詞などを補う必要がある。これを**送り仮名**といい、漢字の右横下に片仮名(歴史的仮名遣い)で記す。

返り点と送り仮名、「。」「、」の句読点をまとめて**訓点**といい、訓点に従って漢字仮名交じりの文に書き改めたものを**書き下《くだ》し文**という。

◆書き下し文のきまり

❶文語文法に従い、歴史的仮名遣いで書く。

例 有レバレ備ヘ無シレ患《うれ》ヒ。 ⬇ 備《そな》へ有《あ》れば患《うれ》ひ無《な》し。

❷できるだけ原文の漢字を用いるが、次のものは平仮名で書く。

・日本語の助詞と助動詞にあたるもの。

例 歳月ハ不《ず》レ待タレ人ヲ。 ⬇ 歳月《さいげつ》は人《ひと》を待《ま》たず。

仁ハ人ノ心也《なり》。 ⬇ 仁《じん》は人《ひと》の心《こころ》なり。

・再読文字の二度目に読む部分。 ＊本書六ページ参照。

❸文中で訓読しない漢字(置き字)は書かない。 ＊本書九ページ参照。

問題演習

1 □の中に、例にならって読む順に番号を入れよ。 [2点×5]

例 2レ 1 5レ 4レ 3

① □レ □レ □ □レ □

② □ □レ □ □レ □ □

③ □二 □ □一 □レ □ □レ □

④ □二 □レ □ □ □㆑ □レ □

⑤ □下 □二 □ □一 □ □レ □ □上

2 □の中に、読む順に番号を入れよ。 [2点×4]

① 一日ニ行ク二千里ヲ一。(一日《いちにち》に千里《せんり》を行《ゆ》く。)

□ □ □ □ □

② 父母之年ハ、不レ可カラレ不ルレ知ラ。(父母《ふぼ》の年《とし》は、知《し》らざるべからず。)

□ □ □ □ □ □ □ □

③ 行ク二百里ヲ一者ハ半バトス二九十ヲ一。(百里《ひやくり》を行《ゆ》く者《もの》は九十《きうじふ》を半《なか》ばとす。)

□ □ □ □ □ □ □

④ 勇者ハ不二必ズシモ有ラ一レ仁。(勇者《ゆうしや》は必《かなら》ずしも仁《じん》有《あ》らず。)

□ □ □ □ □ □

◆返り点の種類と用法

❶レ（レ点）　一字から、すぐ上の一字に返って読む符号。

例　読ム㆑書ヲ。➡書《しよ》を読《よ》む。
[2]㆑ [1]

不㆑読マ㆑書ヲ。➡書《しよ》を読《よ》まず。
[3]㆑ [2]㆑ [1]

❷一・二・三…（一二点）　二字以上を隔てて、下から上に返って読む符号。

例　借ル㆓虎ノ威ヲ㆒。➡虎《とら》の威《ゐ》を借《か》る。
[3]㆓ [1] [2]㆒

❸上・下　上・中・下（上中下点）　「一二点」のついた句を間に挟んで、下から上に返って読む符号。

例　不ル㆘以ツテ㆓千里ヲ㆒称セラレ㆖也。➡千里《せんり》を以《も》って称《しよう》せられざるなり。
[5]㆘ [3]㆓ [1] [2]㆒ [4]㆖ [6]

無シ㆘不ル㆑知ラ㆑愛スルヲ㆓其ノ親ヲ㆒者㆖。➡其《そ》の親《おや》を愛《あい》するを知《し》らざる者《もの》無《な》し。
[7]㆘ [5]㆑ [4]㆑ [3]㆓ [1] [2]㆒ [6]㆖

上中下点で足りないときは、甲乙点《こうおつ》（甲《こう》・乙《おつ》・丙《へい》…）、それでも足りないときは天地点《てんち》（天・地・人）を用いる。

❹㆒㆑・㆖㆑（㆒㆑点《いちれ》・㆖㆑点《じょうれ》）　「レ点」と「一点」「上点」とを併用したもの。すぐ上の一字に返ったあと、「二点」や「下点」に返る符号。

例　後ルレバ則チ為ル㆓人ノ所㆒㆑制スル。➡後《おく》るれば則《すなは》ち人《ひと》の制《せい》する所《ところ》と為《な》る。
[1] [2] [6]㆓ [3] [5]㆒㆑ [4]

勿カレ㆘以ツテ㆓悪ノ小ナルヲ㆒為スコト㆖㆑之ヲ。➡悪《あく》の小《せう》なるを以《も》って之《これ》を為《な》すこと勿《な》かれ。
[6]㆘ [3]㆓ [1] [2]㆒ [5]㆖㆑ [4]

❺―（タテ点・ハイフン・連読符号）　二字以上の熟語に返って読むときは、漢字の間に「―」を入れ、その左側に返り点をつける。

例　教-育ス㆓子弟ヲ㆒。➡子弟《してい》を教育《けういく》す。

3 書き下し文を参考にして、返り点・送り仮名をつけよ。　［4点×8］

① 春眠不覚暁。
（春眠《しゆんみん》　暁《あかつき》を覚《おぼ》えず。）

② 馬無故逃入胡。
（馬《うま》　故《ゆゑ》無《な》くして逃《に》げて胡《こ》に入《い》る。）

③ 会其怒、不敢献。
（其《そ》の怒《いか》りに会《あ》ひて、敢《あ》へて献《けん》ぜず。）

④ 何不反其本。
（何《なん》ぞ其《そ》の本《もと》に反《かへ》らざる。）

⑤ 今夜不知何処宿。
（今夜《こんや》は何《いづ》れの処《ところ》に宿《やど》るかを知《し》らず。）

⑥ 遂迷不復得路。
（遂《つひ》に迷《まよ》ひて復《ま》た路《みち》を得《え》ず。）

⑦ 汝忘越人之殺父邪。
（汝《なんぢ》　越人《ゑつひと》の父《ちち》を殺《ころ》すを忘《わす》れたるか。）

⑧ 有一言而可以終身行之者乎。
（一言《いちげん》にして以《も》って終身《しゆうしん》　之《これ》を行《おこな》ふべき者《もの》有《あ》りや。）

再読文字

知・技 　/50

目標解答時間 20分

◆再読文字

一字に一つの日本語をあてるのでは十分に意味が表せない場合、一字に二つの日本語をあてた。この字を**再読文字**という。

●**読み方**…初めはその漢字が出てきたところで副詞として読み、二度目は返り点に従って下から返って、助動詞または動詞として読む。

●**送り仮名**…一度目に読むときの送り仮名は漢字の右横下、二度目に読むときの送り仮名は漢字の左横下につける。

●**書き下し文**…副詞として読むときは、副詞は漢字、送り仮名は平仮名で書き、助動詞・動詞として読むときは、漢字も送り仮名も平仮名で書く。

❶当（まさニ～ベシ） 当然～すべきだ

例 政治ハ当《まさニ》(ベシ)レ正ナル。 ➡政治《せいじ》は当《まさ》に正《せい》なるべし。

訳 政治は当然正しくあるべきだ。

❷応（まさニ～ベシ） きっと～だろう

例 応《まさニ》(ベシ)レ有ルニ善キ人一。 ➡応《まさ》に善《よ》き人《ひと》有《あ》るべし。

訳 きっとよい人がいるだろう。

❸未（いまダ～ず） まだ～しない

例 未《いまダ》(ざル)レ学バニ兵法ヲ一也。 ➡未《いま》だ兵法《へいはふ》を学《まな》ばざるなり。

訳 まだ兵法を学んでいない。

問題演習

1 次の文の傍線部を書き下し文に改めよ。 〔3点×7〕

① 過《あやま》テバ則チ宜シク(シ)レ改ムレ之ヲ。 〔　　〕

② 汝遠ク来タル。応ニ(シ)レ有ルレ意。 〔　　〕

③ 未ダ(シテ)レ治メ而国人信ズレ之ヲ。 〔　　〕

④ 及ビテレ時ニ当ニ(シ)ニ勉励スー。 〔　　〕

⑤ 猶ホ(キ)ニ水之就クガ一レ下《ひく》キニ也。 〔　　〕

⑥ 不レ知ラニ敵之将ニ(ルヲ)一レ至ラント。 〔　　〕

⑦ 盍ゾ(ル)三各《おのおの》言ハニ爾《なんぢ》ノ志ヲ一。 〔　　〕

❹将（まさニ～ントす） 今にも～しようとする

例 我 将《まさニ》《す》レ献《ゼント》レ之《ヲ》。 ⬇我将《われまさ》に之《これ》を献《けん》ぜんとす。

訳 私は今にもこれを差し上げようとする。

❺且（まさニ～ントす） 今にも～しようとする

例 且《まさニ》《す》レ飲《マント》レ水《ヲ》。 ⬇且《まさ》に水《みづ》を飲《の》まんとす。

訳 今にも水を飲もうとする。

❻猶（なホ～ガ／ノごとシ） ちょうど～のようだ

例 此《ノ》 馬《ハ》 猶《なホ》《ごとシ》レ竜《ノ》。 ⬇此《こ》の馬《うま》は猶《な》ほ竜《りゆう》のごとし。

訳 この馬はちょうど竜のようだ。

❼宜（よろシク～ベシ） ～するのがよい

例 宜《よろシク》《ベシ》レ待《ツ》二時《ノ》 至《ルヲ》一。 ⬇宜《よろ》しく時《とき》の至《いた》るを待《ま》つべし。

訳 時機が来るのを待つのがよい。

❽須（すべかラク～ベシ） ぜひ～する必要がある

例 須《すべかラク》《ベシ》レ思《フ》二病 苦《ノ》 時《ヲ》一。 ⬇須《すべか》らく病苦《びやうく》の時《とき》を思《おも》ふべし。

訳 ぜひ病気で苦しむときのことを考えておく必要がある。

❾盍（なんゾ～ざル） どうして～しないのか、すればよい

例 盍《なんゾ》《ざル》レ帰《ラ》二故 郷《ニ》一。 ⬇盍《なん》ぞ故郷《こきやう》に帰《かへ》らざる。

訳 どうして故郷に帰らないのか、帰ればよい。

＊「盍」は「何不」（何ゾ～ざル）に同じ。

2 次の文を平仮名（現代仮名遣い）のみの書き下し文に改めよ。 ［3点×3］

① 応《ニ》《シ》レ知《ル》二故 郷《ノ》 事《ヲ》一。
［　　　　］

② 未《ダ》レ能《ハ》レ献《ズル》レ書《ヲ》。
［　　　　］

③ 李 白 乗《リテ》レ舟《ニ》 将《ニ》レ行《カント》。
［　　　　］

3 書き下し文を参考にして、返り点・送り仮名をつけよ。 ［4点×5］

① 及 春 須 尽 歓。
（春《はる》に及《およ》びては須《すべか》らく歓《たの》しみを尽《つ》くすべし。）

② 盍 各 言 其 願。
（盍《なん》ぞ各《おのおの》　其《そ》の願《ねが》ひを言《い》はざる。）

③ 猶 水 之 勝 火。
（猶《な》ほ水《みづ》の火《ひ》に勝《か》つがごとし。）

④ 将 平-定 天 下。
（将《まさ》に天下《てんか》を平定《へいてい》せんとす。）

⑤ 且 為 敵 所 虜。
（且《まさ》に敵《てき》の虜《とりこ》とする所《ところ》と為《な》らんとす。）

助字・置き字

置き字

知・技
/50

目標解答時間
20分

◆助字

文中や文末にあって、疑問・断定・接続などの意味を添える文字を助字という。助字は、日本語の助動詞や助詞、英語の前置詞に相当するはたらきや、漢文特有のはたらきなどをする。訓読するとき読まない置き字となるものもある。

文中にある助字

❶於・于・乎 ……場所・時間、目的・対象、動作の起点、比較、受身などを表す。

・隠ル㆓乎故郷ニ㆒。 ➡故郷《こきやう》に隠《かく》る。 ＊置き字《場所》

・出ヅ㆓于口ヨリ㆒。 ➡口《くち》より出《い》づ。 ＊置き字《動作の起点》

・良薬ハ苦シ㆓於口ニ㆒。 ➡良薬《りやうやく》は口《くち》に苦《にが》し。 ＊置き字《対象》

・霜葉ハ紅ナリ㆓於二月ノ花ヨリモ㆒。 ➡霜葉《さうえふ》は二月《にぐわつ》の花《はな》よりも紅《くれなゐ》なり。 ＊置き字《比較》

❷而 ……接続（順接・逆接）を表す。

・入リテ㆑水ニ而求ム㆑魚ヲ。 ➡水《みづ》に入《い》りて魚《うを》を求《もと》む。 ＊置き字《順接》

・樹欲スレドモ㆑静カナラント而風不㆑止マ。 ➡樹《き》静《しづ》かならんと欲《ほつ》すれども風《かぜ》止《や》まず。 ＊置き字《逆接》

❸也 ……提示、呼びかけ、強調を表す。

・其ノ言也《や》好シ。 ➡其《そ》の言《げん》や好《よ》し。 《提示》

❹者 ……主部を表す。

・天地者《は》万物之逆旅也。 ➡天地《てんち》は万物《ばんぶつ》の逆旅《げきりよ》なり。 《主部》

問題演習

1 次の文を書き下し文に改めよ。 [4点×8]

① 視レドモ而不《ず》㆑見エ。

② 忠言ハ利アリ㆓於行ヒニ㆒。

③ 項羽者《は》楚人也。

④ 如《ごと》シ㆑失フガ㆓左右之手ヲ㆒。

⑤ 信ナレドモ而見《る》㆑疑ハ。

⑥ 防グハ㆓民之口ヲ㆒、甚ダシ㆓於防グヨリモ㆒㆑水ヲ。

⑦ 不《ず》㆑信ゼラレ㆓乎朋友ニ㆒矣。

⑧ 可ベキモ㆑見ル、不《ざ》ル㆑可ベカラ㆑食ラフ也。

❺之 ……修飾の関係を表す。「〜の」の意。

・鶏犬之《の》声相聞《コユ》。➡鶏犬《けいけん》の声《こゑ》相聞《あひき》こゆ。《修飾》

文末にある助字

❶也 ……断定、理由、疑問・反語、感嘆を表す。

・政者正也《なり》。➡政《せい》は正《せい》なり。《断定》

・民之不《ルハ》加《へ》多《キヲ》、何《ゾ》也《や》。➡民《たみ》の多《おほ》きを加《くは》へざるは、何《なん》ぞや。《疑問》

・何《ゾ》楚人之多《キ》也《や》。➡何《なん》ぞ楚人《そひと》の多《おほ》きや。《感嘆》

❷矣・焉 ……断定、完了、感嘆を表す。

・我《ハ》不《ルナリ》恐《レ》焉。➡我《われ》は恐《おそ》れざるなり。　＊置き字《断定》

・舟《ハ》已《ニ》行《ケリ》矣。➡舟《ふね》は已《すで》に行《ゆ》けり。　＊置き字《完了》

❸乎・耶・邪・与・歟・哉・夫 ……疑問・反語、感嘆を表す。

・為《ニ》人《ノ》謀《リテ》而忠《ナル》乎《か》。➡人《ひと》の為《ため》に謀《はか》りて忠《ちゆう》なるか。《疑問》

・何《ゾ》不《ラン》楽《シマ》乎《や》。➡何《なん》ぞ楽《たの》しまざらんや。《反語》

・孝《ナル》哉《かな》、曽子。➡孝《かう》なるかな、曽子《そうし》。《感嘆》

❹耳・已・爾・而已 ……限定（断定）を表す。

・君《ノ》家《ニ》少《ナキ》者《ハ》、義耳《のみ》。➡君《きみ》の家《いへ》に少《すく》なき者《もの》は、義《ぎ》のみ。《限定》

◆置き字

訓読するとき読まない助字を**置き字**という。その字そのものは読まないが、その字の文章上でのはたらきは、他の字の送り仮名で示されることが多い。同じ字でも常に置き字となるわけではなく、文の構成・意味、訓読したときの調子などで読むか読まないかが決まる。

・求《ムニ》食《ヲ》於山中《ニ》。➡食《しよく》を山中《さんちゆう》に求《もと》む。　＊「於」は置き字

・於《イテ》山《ニ》求《ム》魚《ヲ》。➡山《やま》に於《お》いて魚《うを》を求《もと》む。　＊「於」は読んでいる

2 書き下し文を参考にして、返り点・送り仮名をつけよ。　［3点×6］

① 用力少而功多。
（力《ちから》を用《もち》ゐること少《すく》なくして功多《こうおほ》し。）

② 人無不飲食也。
（人《ひと》は飲食《いんしよく》せざる無《な》きなり。）

③ 此豈人之情也。
（此《こ》れ豈《あ》に人《ひと》の情《じやう》ならんや。）

④ 天時不如地利耳。
（天《てん》の時《とき》は地《ち》の利《り》に如《し》かざるのみ。）

⑤ 君子之交、淡若水。
（君子《くんし》の交《まじ》はりは、淡《あは》きこと水《みづ》のごとし。）

⑥ 雖有功、而不認。
（功《こう》有《あ》りと雖《いへど》も、認《みと》められず。）

1 荀子《じゅんし》

荀子は人間の性質は悪であるとして、学問によってそれを矯正《きょうせい》しようとした。そして、学問を継続することによって、知識も磨かれ、過ちを犯すこともなくなると説いている。

句形 否定形①

知・技	/25
思・判・表	/25
合計	/50

目標解答時間 20分

君《くん》子《し》曰《いハク》、「学《ハ》不《ず》レ可《べカラ》二以《もツテ》已《やム》一。青《ハ》取《リテ》二之《これヲ》於藍《あゐヨリ》一、而青《ク》二於藍《ヨリモ》一、氷《ハ》水《ヨリ》為《つくリテ》レ之《ヲ》、而寒《つめタシト》二於水《ヨリモ》一。」木直《ナルコト》中《タルモ》レ縄《すみなはニ》、輮《たわメテ》以《ツテ》為《なセバ》レ輪《ト》、其《ノ》曲《ナルコト》中《タル》レ規《ニ》。雖《いへどモ》レ有《リト》二槁《かう》暴《ばく》一、不《ル》二復《まタ》挺《のビ》一者《は》、輮《ムルコト》使《しムレバ》二之《ヲシテ》然《しかラ》一也《なり》。故《ゆゑニ》木受《クレバ》レ縄《ヲ》則《すなはチ》直《ニ》、金就《ケバ》レ礪《といしニ》則《チ》利《ナリ》。君子博《ひろク》学《ビテ》、而日《ニ》参二省《スレバ》乎己《ヲ》一、則《チ》智明《ラカニシテ》而行《ヒ》無《シ》レ過《チ》矣。

A 学問は途中でやめてはいけない。
a まっすぐで
② 枯れ乾くことがあっても、二度とまっすぐにならないのは、
③ たわめ曲げて輪にすれば、
b 刃物は砥石にかければ
c 鋭利になる。

*君子…徳のある人。ここでは、学問に志す人。
*藍…タデ科の一年草。藍草。青い染料の原料となる。
*縄…墨縄《すみなわ》。大工が直線を引くのに使う道具。　*輮…たわめ曲げる。
*規…円を描く道具。コンパス。　*槁暴…(木が)枯れ乾くこと。
*挺…まっすぐ伸びること。　*然…そのように。
*金…刃物。　*礪…砥石《といし》。

本文の展開

空欄にあてはまる語句を本文中から抜き出せ。［1点×4］

▼学問は途中でやめてはいけない。
・藍草《あい》から作る青色は藍よりも［①　　］くなる。
・水からできる［②　　］は水よりも冷たくなる。
▼(「木」と「金」を例に、学問の効果を説く。)
・まっすぐな木もたわめて輪にすると曲がったままになる。
・金も砥石で研《と》げば利となる。
▼(学問もこれと同じこと。)
・ひろく学んで、日に何度も反省すれば、［③　　］は明らかに、［④　　］いも過ちがなくなる。

基本句形の整理

否定形① ➡1・3・6行

否定形とは、動作・状態・事物などを打ち消す表現で、「〜ない」の意味を表す。「〜なカレ」は否定的命令で、「〜するな」と**禁止**を表す。

● 不レ〜・弗レ〜　〜ず
● 非《ズ》レ〜《ニ》・匪《ズ》レ〜《ニ》　〜ニあらズ
● 無《シ》レ〜・莫《シ》レ〜・勿《シ》レ〜・毋《シ》〜　〜なシ

問一 語句 二重傍線部a～cの読みを現代仮名遣いで書け。［3点×3］

a タルモ　b ケバ　c チ

問二 口語訳 傍線部①「青取二之於藍一、而青二於藍一、」を口語訳せよ。［6点］

問三 訓読 傍線部②「雖レ有二槁暴一、不二復挺一者、」を書き下し文に改めよ。［5点］

問四 文脈 傍線部③「輮使二之然一也。」について、「之」は何を、「然」はどのようなことをさしているか。それぞれ本文中の語を抜き出せ。（訓点不要）［4点×2］

之　　然

問五 文脈 傍線部Aに「学不レ可二以已一。」とあるが、学問を途中でやめなければ、どういう成果が得られるのか。本文中から七字で抜き出せ。（訓点不要）［7点］

問六 語句 この話から「出藍の誉れ」という故事成語ができたが、その意味として最も適当なものを次から選べ。［3点］

ア 先生を超える存在になること。
イ 藍よりもさらに青くなること。
ウ 博学の君子になること。
エ 学問で身を立て、故郷を離れること。

● **無《カレ》レ～・莫《カレ》レ～・勿《カレ》レ～・毋《カレ》レ～**　～なカレ

不レ～ ➡～ず 訳 ～ない

例 学《ハ》不レ可《カラ》二以《ツテ》已《ム》一。➡学《がく》は以《も》つて已《や》むべからず。

訳 学問は途中でやめてはいけない。

問題演習

1 次の文を書き下し文に改めよ。［2点×2］

① 過《テバ》則《チ》無《カレ》レ憚《はばかルコト》レ改《ムルニ》。

訳 過ちを犯したら改めることを躊躇《ちゅうちょ》してはいけない。

② 智明《ラカニシテ》而行《ヒニ》無《シ》レ過《チ》矣。

訳 知識は磨かれてその行いにも過ちがなくなる。

2 書き下し文を参考にして、次の文に返り点・送り仮名をつけよ。［2点×2］

① 非 有 益、反 有 害。

益《えき》有《あ》るに非《あら》ず、反《かへ》つて害《がい》有《あ》り。

訳 益があるわけではなく、かえって害がある。

② 無 食 以 給 彼。

食《しよく》の以《も》つて彼《かれ》に給《きふ》する無《な》し。

訳 彼に支給する食べ物がない。

2 後漢書《ごかんじょ》

句形 否定形②

二重否定

知・技 /25

思・判・表 /25

合計 /50

目標解答時間 20分

自分の家に盗みに入り梁《はり》の上にじっと隠れている盗人を見つけた陳寔《ちんしょく》。彼は子や孫たちの前で、盗人のことを何と呼んだか。また、それは彼のどんな考えに拠《よ》るものだろうか。

有リテレ盗夜入リニ其ノ室ニ一、止《とど》マルニ於梁*上ニ一。陳《ちん》寔《しょく》陰カニ見、[a]乃チ起《た》チテ自ラ整*払シ、呼ビテ命ジニ子孫ニ一、[①正シレ色ヲ]訓《をし》ヘテレ之ニ曰ハク、「夫*レ[b]人ハ[②不可不自勉]。不善之人モ[③未ダニ必ズシモ本ヨリ悪ナラ一]、習ヒ（長い間の）以テレ性成リ、（習慣が性格となって、）遂ニ至ルニ於[④此]ニ一。[⑤梁上ノ君子]者《は》是レナリト矣。」盗大イニ驚キ、自ラ投ジニ於地ニ一、（自分から下に飛び降り、）稽《けい》*顙《さう》シテ帰スレ罪ニ。（自分の罪を認めた。）

＊梁…天井の上にある横木。うつばり。

＊整払…身づくろいをする。

＊夫…そもそも。

＊稽顙…額を地につけて礼をする。

本文の展開

空欄にあてはまる語句を本文中から抜き出せ。［1点×3］

▼ある夜、盗人が陳寔の家に忍び込み、[①　　　]にじっとしていた。

▼陳寔はそれに気づくと、身づくろいをして、子や孫を呼び集めて言った、「[②　　　]の人でも、必ずしももとから悪人というわけではなく、長い間の習慣からそうなってしまったのだ。[③　　　]の君子がそれである。」と。

▼盗人は驚いて、下に飛び降り、自らの罪を認めた。

基本句形の整理

否定形② ➡3行

二重否定とは、一つの否定語によって否定された内容を、別の否定語によってさらに否定する表現。結果として**強い肯定**を表すこともある。

● 非ズレ不ルレニ〜　〜ざルニあらズ

問一 語句 二重傍線部a、bの読みを現代仮名遣いで書け。 ［3点×2］

a カニ

b レ

問二 内容 傍線部①「正レ色」の意味として適当なものを次から選べ。 ［7点］

ア 明るい表情をして　**イ** 表情を暗くして

ウ 改まった顔つきで　**エ** こわい顔をして

問三 訓点 傍線部②は「自ら勉めざるべからず。」と訓読する。これに従って返り点と送り仮名をつけよ。 ［6点］

不　可　不　自　勉。

問四 訓読 傍線部③「未ニ必本悪一」の書き下し文として適当なものを次から選べ。 ［5点］

ア 未だ必ずしも本より悪なり、

イ 未だ必ず本より悪ならず、

ウ 未だ必ずしも本より悪ならず、

エ 未だ必ず本より悪なり、

問五 文脈 傍線部④「此」がさす内容を、傍線部④より前から五字以内で抜き出せ。（訓点不要） ［7点］

問六 理由 陳寔が盗人をさして傍線部⑤「梁上君子」と言った理由として適当なものを次から選べ。 ［8点］

ア 人の家に忍び込む勇気をほめてやりたかったから。

イ 人の物を盗んでまで生きていこうという熱意に打たれたから。

ウ 梁の上にじっと隠れているのをかわいそうに思ったから。

エ 人間は生まれながらにして悪人というわけではないから。

●不レ可カラレ不ルレ～　～ざルベカラず

無シレ不ル(ハ)レ～　➡～ざル（ハ）なシ

訳 ～しないことはない（必ず～する）

例 於イテレ物ニ無キレ不ルレ陥サ也。➡物《もの》に於《お》いて陥《とほ》さざる無《な》きなり。

訳 どのような物でも突き通せないものはない。

問題演習

1 次の文を書き下し文に改めよ。 ［2点×2］

① 非ズレ不ルニニ与レ此レ同ジカラ一。

訳 これと同じでないのではない。

② 道ハ不ルレ可カラレ不ルレ求メ也。

訳 道はどうしても求めなければならない。

2 書き下し文を参考にして、次の文に返り点・送り仮名をつけよ。 ［2点×2］

① 所　見　無　非　馬　者。

見《み》る所《ところ》　馬《うま》に非《あら》ざる者《もの》無《な》し。

訳 目に入るものは馬ばかりである。（馬のほかには目に入らない。）

② 未　嘗　不　嘆　也。

未《いま》だ嘗《かつ》て嘆《なげ》かずんばあらざるなり。

訳 これまで嘆かなかったことはなかった。

3 晋書《しんじょ》

句形　否定形③

部分否定・全部否定

知・技	/25
思・判・表	/25
合計	/50

目標解答時間　20分

晋の車胤《しゃいん》と孫康《そんこう》は、どちらも家が貧しかった。しかし、二人はそうした境遇にあっても勉学に努めた。「蛍の光、窓の雪」と、唱歌の歌詞にもなった話である。

晋ノ車胤、幼ニシテ*恭勤*博覧ナリ。家貧シクシテ①不二常得一レ油。（いつも油が手に入るわけではなかった。）*夏月ニハ以テ二*練《れん》嚢《なう》ヲ一盛リ二数十ノ蛍《けい》火《くわ》ヲ一、照ラシテレ書ヲ読ミレ之ヲ、②以テレ夜ヲ継グレ日ニ。後、官ハ至ル二*尚書郎ニ一。晋ノ孫康ハ、a少クシテ*清介、交遊ハc不レ雑ナラ。（志を同じくしない者とは交際しなかった。）家貧シクシテ無シレ油。b嘗テ③映ジテレ雪ニ読ムレ書ヲ。後、[A]ハ至ル二*御史大夫ニ一。

*恭勤…まじめに勉学に努めること。
*博覧…広く書物を読んで博識であること。
*夏月…夏の三か月。夏期。　*練嚢…練り絹の袋。
*尚書郎…詔勅などの文書をつかさどる役人。
*清介…清廉潔白すぎて孤立すること。
*御史大夫…官吏の罪を正す役人。

本文の展開　空欄にあてはまる語句を本文中から抜き出せ。［1点×4］

▼車胤は家が貧しかった。
そのために、「不常得［①］」
しかし、
［②］火で照らし、書を読み学問をして、
ついに、高位の役人となった。
▼孫康は家が貧しかった。
そのために、「無［③］」
しかし、
［④］に映じて書を読み、
ついに、高位の役人となった。

基本句形の整理　否定形③　➡1・4行

部分否定は「いつも〜とは限らない」のように部分的に否定する表現であり、**全部否定**は「いつも〜ない」のように全部を否定する表現である。

不二常ニハ有一ラ
➡つねニハあラず
訳　いつもあるとは限らない

問一 語句 二重傍線部a〜cの読みを現代仮名遣いで書け。 [3点×3]

a クシテ　b テ　c ニ

問二 訓読 傍線部①「不二常得一レ油。」を書き下し文に改めよ。 [4点]

問三 内容 傍線部②「以レ夜継レ日。」の意味として最も適当なものを、次から選べ。 [7点]

ア 昼も夜も勉学に励んだ。
イ 夜になってから勉学に励んだ。
ウ 一晩中勉学に励んだ。
エ 昼の間だけ勉学に励んだ。

問四 口語訳 傍線部③「映レ雪読レ書。」を口語訳せよ。 [7点]

問五 文脈 空欄Aに入る語を本文中から一字で抜き出せ。（訓点不要） [7点]

問六 語句 この話から「蛍雪の功」という故事成語ができたが、その意味として適当なものを次から選べ。 [4点]

ア 苦労をして勉強しても意味はないということ。
イ 家が貧しくても明かりは手に入るということ。
ウ 苦労して勉学に励み、成果をあげるということ。
エ 自然を大切にしなくてはならないということ。

例 伯楽不二常ニハ有ラ一。
⬇ 伯楽《はくらく》は常《つね》には有《あ》らず。
訳 馬の鑑定の名人はいつもいるとは限らない。（いないこともある。）

不二常ニハ 有ラ一 つねニハあラず。いつもあるとは限らない。（部分否定）
「不」は直後の「常有」を否定。
常ニ 不レ有ラ つねニあラず。 いつもない。（全部否定）
「不」は直後の「有」を否定。「常」に「不有」の状態である。
＊「不二復タ〜一」（部分否定）、「復タ不レ〜」（全部否定）はどちらも「また〜ず」と読むので注意が必要。

問題演習

1 次の文を書き下し文に改めよ。 [2点×2]

① 不二甚ダシクハ読マレ書ヲ。 訳 それほどには書物を読まない。

② 不二復タ鼓セレ琴ヲ。 訳 二度と琴を弾かなかった。

2 書き下し文を参考にして、次の文に返り点・送り仮名をつけよ。 [2点×2]

① 不 必 有 徳。
必《かなら》ずしも徳《とく》有《あ》らず。 訳 必ずしも徳があるとは限らない。

② 必 不 有 徳。
必《かなら》ず徳《とく》有《あ》らず。 訳 必ず徳がない。

4 世説新語《せせつしんご》

俗世間を避け、山野に入って隠者の生活をしようと思った孫子荊《そんしけい》は、自然を友とする生活を「枕石漱流」の四字によって表現しようとして間違ってしまった。それを指摘された孫子荊はどうしたのだろうか。

句形 疑問形①

孫*子荊、年少キ[a]時欲スレ隠レント[b]。語リテ王*武子ニ、当ニ[①]枕シレ石ニ漱《くちすす》*グトイフレ流レニ、誤リテ曰ハク「漱ギレ[A]ニ枕ストレ流レニ。」王曰ハク「流レハ可クレ枕ス、石ハ[②]可キレ漱グ乎ト。」孫曰ハク[③]「所-以枕流、欲スレバナリレ洗ハントニ其ノ耳ヲ。（この耳を洗おうとするためである。）所-以漱石、欲スレバナリレ礪《みが》カントニ其ノ歯ヲ。」（この歯をみがこうとするためである。）

＊孫子荊…孫楚。子荊は字《あざな》。晋《しん》の人。
＊王武子…王済。武子は字。晋の人。
＊漱流…川の流れでうがいをする。

本文の展開 空欄にあてはまる語句を本文中から抜き出せ。［1点×4］

▼隠遁《いんとん》生活をしようと思った孫子荊は、友人の王武子に、「枕石漱流」と言おうとして言い誤ってしまった。
▼王武子に、「川の流れを〔①　〕にしたり、〔②　〕でうがいをしたりすることができるのか。」と誤りを指摘されると、
▼孫子荊は、「流れを枕にするのは、この〔③　〕を洗うためである。石でうがいをするのは、この〔④　〕をみがくためである。」と答えた。

知・技	/25
思・判・表	/25
合計	/50

目標解答時間 20分

基本句形の整理　疑問形①　➡3行

疑問形は相手、もしくは自分に対して問いかける表現である。

◆疑問の助字・疑問詞を用いるもの①

● ～乎《か(や)》・邪《か(や)》・耶《か(や)》・也《か(や)》・与《か(や)》・哉《か(や)》　～か・～や

問一 語句 二重傍線部a、bの読みを現代仮名遣いで書け。［3点×2］

a キ

b レント

問二 文脈 空欄Aに入る語として適当なものを、本文中から一字で抜き出せ。(訓点不要)［7点］

問三 口語訳 傍線部①「当ニ枕レ石漱レ流、」を口語訳せよ。［7点］

問四 内容 傍線部②「石可レ漱乎。」の意味として適当なものを次から選べ。［7点］

ア 石でうがいをすることができるのか。
イ 石を枕にして眠れるのか。
ウ 石はうがいをするのに便利なのか。
エ 石のほかに何でうがいをするのか。

問五 訓読 傍線部③「所-以枕流、」の書き下し文として適当なものを次から選べ。［5点］

ア 所以《ゆゑ》に流れに枕し、
イ 流れに枕する所以《ゆゑん》は、
ウ 枕を以つて流るる所は、
エ 所として以つて流れに枕するは、

問六 語句 この話から「漱石枕流」という故事成語ができたが、その意味として適当なものを次から選べ。［6点］

ア 気が短いこと。 イ 勝負好きなこと。
ウ 我慢強いこと。 エ 負け惜しみが強いこと。

●**何ゾ〜** なんゾ〜　●**誰カ〜** たれカ〜

●**安クンゾ〜・悪クンゾ〜・烏クンゾ〜・焉クンゾ〜** いづクンゾ〜

〜乎 ➡〜か・〜や 訳 〜か　＊連体形接続なら「か」、終止形接続なら「や」。

例 足ル乎。➡**足《た》るか**。訳 足りるか。

何ゾ〜 ➡なんゾ〜 訳 どうして〜か

例 何ゾ不ルヤレ知ラ。➡**何《なん》ぞ**知《し》らざる**や**。訳 どうして知らないのか。

＊疑問詞は句末に疑問の助字を伴うこともある。

問題演習

1 次の文を書き下し文に改めよ。［2点×2］

① 何ゾ追フレ我ヲ也。 訳 どうして私を追うのか。

② 弟子、誰カ為スレ好ムトレ学ヲ。 訳 弟子の中で、誰が学問を好むか。

2 書き下し文を参考にして、次の文に返り点・送り仮名をつけよ。［2点×2］

① 君 安 与 彼 友 乎。
君《きみ》安《いづ》くんぞ彼《かれ》と友《とも》たるや。 訳 あなたはどうして彼と友達なのか。

② 王 何 不 用 孔 子。
王《わう》何《なん》ぞ孔子《こうし》を用《もち》ゐざるか。 訳 王はどうして孔子を用いないのか。

5 蒙求《もうぎゅう》

句形 疑問形②

春秋時代、楚《そ》の宰相孫叔敖《そんしゅくごう》は、楚の荘王《そうおう》を助けて楚国をまとめた名臣であった。次の文章は、彼が幼いころからすでにその優れた資質の片鱗をあらわしていたことを示す話である。

孫叔敖為《リシトキ》二*嬰《えい》児《じ》一、出《デ》遊《ビテ》而還《リ》、（a）憂《ヘテ》而不レ食《ラハ》。其《ノ》母問《フ》二其《ノ》故《ヲ》一。泣《キテ》而対《ヘテ》（b）曰《ハク》、「今日吾見《タリ》二両頭《ノ》蛇《ヲ》一。①恐《ラクハ》去《ルコト》レ死《ヲ》無《カラント》レ日矣。」母曰《ハク》、「②今蛇安在。」曰《ハク》、「吾聞《ク》、『見《ル》二両頭《ノ》蛇《ヲ》一者《ハ》死《スト》。』吾恐《レ》二他人《ノ》又見《ンコトヲ》一、已《ニ》埋《メタリト》レ之《ヲ》矣。」母曰《ハク》、「無《カレ》レ憂《フルコト》。汝不レ死《セ》。吾聞《ク》レ之《ヲ》、『有《ル》二*陰徳一者《ハ》、天報《ユルニ》（c）以《テスト》レ福《ヲ》。』」人聞《キ》レ之《ヲ》、皆喩《さとル》二其《ノ》*為《ルヲ》一レ仁也。及《ビ》レ為《ルニ》二*令《れい》尹《ゐんト》一、未《ダ》レ治《メ》而③国人信《ズ》レ之《ヲ》。

（為嬰児：幼児だったとき、）
（見両頭蛇：頭が二つある蛇を見て）
（埋之矣：しまったのです。）

本文の展開

空欄にあてはまる語句を本文中から抜き出せ。［1点×4］

▼孫叔敖が幼いころの話である。

- 孫叔敖が外から帰って、何やらふさぎこんでいた。
- 母親がわけを尋ねると、
- 孫叔敖「今日［①　　］を見たので、恐らく近いうちに死ぬでしょう。」
- 母親「今その蛇はどこにいるの？」
- 孫叔敖「［②　　］を見た者は死ぬとか。私は他の人が見てはいけないので、すでに埋めてしまいました。」
- 母親「心配しないでいいよ。おまえは死なないよ。私は［③　　］のある人には、天が幸いで報いてくださると聞いているから。」

▼人々はこの話を聞いて、［④　　］の心の優しさを知った。後に孫叔敖が令尹になると、楚の人は彼が政治をする前から善政を信じた。

語注
*陰徳…世間に知られないよい行い。
*為仁…優しい心の持ち主であること。
*令尹…楚における最高位の大臣。宰相。

知・技　/23
思・判・表　/27
合計　/50
目標解答時間　25分

問一 語句 二重傍線部a～cの読みを現代仮名遣いで書け。［3点×3］

a　　リ　b　　ヘテ　c　　ユルニ

問二 文脈 波線部は何をさしているか。本文中の語句で答えよ。（訓点不要）［5点］

問三 口語訳 傍線部①を口語訳せよ。［6点］

問四 理由 孫叔敖が傍線部①のように考えたのはなぜか。二十五字以内で説明せよ。［6点］

問五 訓読 傍線部②の書き下し文として適当なものを次から選べ。［6点］

ア　いまへびいづくんぞあらんやと。
イ　いまのへびいづくにもあらんと。
ウ　いまはへびあるにやすしと。
エ　いまへびいづくにかあると。

問六 内容 傍線部③はどういうことか。適当なものを次から選べ。［6点］

ア　母親は両頭の蛇を埋めた話が本当のことであったと信じた。
イ　国民は孫叔敖がよい政治を行ってくれる人であると確信した。
ウ　国民は孫叔敖の母が立派な人であることを確信した。
エ　母親は孫叔敖が仁徳の持ち主であることを確信した。

基本句形の整理 疑問形② ➡3行

◆疑問詞を用いるもの②

●何《ヲカ》～　なにヲカ～

●孰《レカ》～・何《レカ》～　いづレカ～

何《クニカ》～ ➡いづクニカ～　訳 どこで（に）～するのか

例 財何《クニカ》在《ル》。 ➡財《ざい》何《いづ》くにか在《あ》る。

訳 財宝はどこにあるのか。

問題演習

1 次の文を書き下し文に改めよ。［2点×2］

① 婦人何《ヲカ》能《クスル》。　訳 奥さんは何ができるのですか。

② 孰《レカ》為《スレ》貴《シト》。　訳 どれが崇高であるのか。

2 書き下し文を参考にして、次の文に返り点・送り仮名をつけよ。［2点×2］

① 予州今欲何至。

予州《よしう》今《いま》何《いづ》くにか至《いた》らんと欲《ほつ》す。

訳 予州（劉備《りゅうび》）は今どこへ行こうとしているのか。

② 礼与食孰重。

礼《れい》と食《しょく》と孰《いづ》れか重《おも》き。

訳 礼儀と食料とでは、どちらが重要であろうか。

6 孟子《まうし》

句形 疑問形③

「やらないこと」と「できないこと」との違いを斉《せい》の宣王《せんおう》から尋ねられた孟子。彼は、「やらないこと」と「できないこと」とを、それぞれどんなものにたとえているだろうか。

曰ハク、「不ㇾル為サ者ト与ニ‖[a]不ㇾル能*ハ者一之形ハ、①何ヲ以テ異ナルカト。」曰ハク、

「挟《わきばさ》ミテ二*太山ヲ一以テ超ユル二*北海ヲ一、語《つ》ゲテㇾ人ニ曰ハク、『我不ㇾト能ハ。』是レ誠ニ‖[b]

太山を小わきに抱えて北海を飛び越えるということについて、

不ㇾル能ハ也。為ニ二*長者ノ一折ㇾル枝ヲ、語ㇾゲテ人ニ曰ハク、『我不ㇾト能ハ。』是レ

年長者のために（庭木の）枝を折ることについて、

不ㇾル為サ也。②非不能也。故ニ③王之不ㇾルハ王タラ、④非挟太山以超北海之類也。王之不ㇾルハ王タラ、是レ折ㇾル枝ヲ之類ヒ也ト。」

＊能…できる。
＊北海…渤海湾《ぼっかいわん》のこと。
＊長者…年長者。
＊太山…泰山《たいざん》。山東省にある名山。

本文の展開

空欄にあてはまる語句を本文中から抜き出せ。［1点×4］

▼斉の宣王が孟子に尋ねた、やらないこととできないこととの違いは何か？

▼孟子は言った、「［①　　］を挟んで［②　　］を越えることを『私にはできない。』と言うのは、これは本当にできないのです。［③　　］のために［④　　］を折ってやることを『私にはできない。』と言うのは、これはやらないのです。

▼王が真の王者とならないのは、できないことをできないと言うのではなく、やらないことをできないと言うようなものです。」と。

知・技	/25
思・判・表	/25
合計	/50

目標解答時間 20分

基本句形の整理 疑問形③ ⬇1行

疑問形で使われる疑問詞は、一字で表されるのが基本だが、ほかにも二字からなるものがある。

●～何如《（ハ）いかん》・～何若《（ハ）いかん》・～何奈《（ハ）いかん》　～（ハ）いかん

●何為レゾ～　なんすレゾ～

●何ヲ以テ～　なにヲもツテ～

問一 語句 二重傍線部a、bの読みを現代仮名遣いで書け。［3点×2］

a ［　　］ b ［　　ニ］

問二 内容 傍線部①の意味として適当なものを次から選べ。［7点］

ア なぜ違うのか。 イ どうして違っているのか。
ウ 違いがあるのか。 エ どう違うのか。

問三 訓読 傍線部②の書き下し文として適当なものを次から選べ。［4点］

ア 能《あた》はざるに非《あら》ざるなり。 イ 能《あた》はざれば非《ひ》なるなり。
ウ 能《あた》はずんば非《あら》ざるなり。 エ 能《のう》として非《ひ》なるなり。

問四 内容 傍線部③の意味として適当なものを次から選べ。［7点］

ア 臣下が王に仕えないのは、
イ 王が真の王者とならないのは、
ウ 王が他の王と仲良くなれないのは、
エ 王が臣下とうまくいかないのは、

問五 訓点 傍線部④を「太山を挟みて以つて北海を超ゆるの類ひに非ざるなり。」と読めるように、返り点と送り仮名をつけよ。［7点］

非 挟 太 山 以 超 北 海 之 類 也。

問六 理由 孟子が傍線部③のように言うのはなぜか。その理由として適当なものを次から選べ。［7点］

ア できないことはしないと言うから。
イ できないことをやらないと言うから。
ウ できることをやれると言うから。
エ やらないことをできないと言うから。

●何ニ由リテ〜 なにニよリテ〜　●〜(ハ)幾許ゾ 〜(ハ)いくばくゾ

何如
➡いかん 訳 どのようであるか
例 則チ何如。
➡則《すなは》ち何如《いかん》。 訳 それはどうだろうか。

＊「何如」は状態・程度・是非、「如何」は手段・方法を問う。

問題演習

1 次の文を書き下し文に改めよ。［2点×2］

① 何ヲ以ツテ識《し》ルヤレ彼ヲ。
訳 どうして彼を知っているのか。

② 相去ルコト復タ幾許《いくばく》ゾ。
訳 離れていることはどれほどであろうか。

2 書き下し文を参考にして、次の文に返り点・送り仮名をつけよ。［2点×2］

① 何 為 不 去。
何為《なんす》れぞ去《さ》らざる。
訳 どうして去らないのか。

② 何 由 知 我 在 此 也。
何《なに》に由《よ》りて我《われ》の此《ここ》に在《あ》るを知《し》るや。
訳 どうして私がここにいるのを知ったのか。

7 史記《しき》

句形 反語形①

知・技	/25
思・判・表	/25
合計	/50

目標解答時間 20分

始皇帝《しこうてい》の死後、各地で反乱が起こる。その口火を切ったのは、陳渉《ちんしょう》と呉広《ごこう》が重税と徴発に苦しむ人々を指導して起こした農民反乱であった。次の話は、その陳渉が青年のときのものである。

*陳《ちん》渉《せふ》少《わかキ》時、a嘗《テ》与レ人*傭《よう》耕《ス》。*輟《やメテ》レ耕《ヲ》b之《キ》二*壟《ろう》上《ニ》一、①*悵《ちやう》恨《スルコト》久《シクシテ》レ之《ヲ》（長い間うらみ嘆いて）曰《ハク》、「c苟《シクモ》富貴《トナルトモ》、②無《カラント》二相忘《ルルコト》一。」*傭者笑《ヒテ》而応《こたヘテ》曰《ハク》、「若《なんぢ》為《ス》二傭耕《ヲ》一、③何《ゾ》富貴《トナラント》也。」陳渉*太息《シテ》曰《ハク》、「④嗟乎、*燕雀安知*鴻鵠之志哉。」

*陳渉…名は勝。渉は字《あざな》。
*輟…やめる。
*傭者…雇い主。
*燕雀…「燕（つばめ）」や「雀（すずめ）」のような小さい鳥。
*鴻鵠…「鴻（おおとり）」や「鵠（くぐい）」のような大きい鳥。
*傭耕…雇われて田を耕すこと。
*壟…田の中の小高い丘。
*太息…ため息をつく。
*悵恨…うらみ嘆く。

本文の展開　空欄にあてはまる語句を本文中から抜き出せ。［1点×4］

▼陳渉は若いころ、人に雇われて田を耕していた。
・あるとき、耕作をやめ、小高い丘に登って言った、
「もし［①　　］の身になっても、あなたを忘れはしない。」
▼雇い主は笑って言った、
「おまえは雇われている身。富貴になどなれるものか。」
▼陳渉は［②　　］して言った、
「ああ、小人物＝［③　　］に大人物＝［④　　］の志がわかるものか。」

基本句形の整理

反語形① ⬇3・4行

反語形は、言いたいことを強調するために、言おうとする内容と反対のことを疑問形で表したものである。よって形は疑問形と同じであるが、文末の読みは「〜ン（ヤ）」となる。訳すときは「いや、…ない。」まではっきりと書くようにしよう。

◆疑問の助字・疑問詞を用いるもの ――

問一 語句 二重傍線部a～cの読みを現代仮名遣いで書け。［3点×3］

a テ　b キ　c シクモ

問二 内容 傍線部①「悵恨久レ之」は、何をうらみ嘆いているのか。適当なものを次から選べ。［7点］

ア 世の中の混乱。　**イ** 仕事のつらさ。

ウ 今の自分の身の上。　**エ** 自分の歳の若さ。

問三 文脈 傍線部②「無二相忘一。」とは、何を忘れないというのか。本文中から抜き出せ。［7点］

問四 口語訳 傍線部③「何富貴也。」を口語訳せよ。（文末の「と」は不要）［7点］

問五 訓点 傍線部④を「嗟乎《ああ》、燕雀《えんじゃく》安《いづ》くんぞ鴻鵠《こうこく》の志を知らんやと。」と読めるように、返り点と送り仮名をつけよ。［5点］

嗟乎、燕雀安知鴻鵠之志哉。

問六 語句 傍線部④の「燕雀安知鴻鵠之志哉。」は、どういう意味を表す故事成語か。最も適当なものを次から選べ。［3点］

ア 小人物には大人物の大志はわからない。

イ 小人物は大人物と大した違いはない。

ウ 小人物より大人物のほうがよく働くものだ。

エ 小人物の気持ちは大人物にはわからない。

●～乎《ンや》・邪《や》・也《や》　～ン(や)　●何《ゾ》～《ン(ヤ)》　なんゾ～ン(ヤ)

安《クンゾ》～《ン(ヤ)》 ⬇いづクンゾ～ン(ヤ)　＊「焉・寧」なども同意。

訳 どうして～であろうか、いや、～ない

例 **安《クンゾ》能《ク》為《ラン》二之《ガ》足《ヲ》一。** ⬇**安《いづ》くんぞ能《よ》く之《これ》が足《あし》を為《つく》らん。**

訳 どうしてその足を作る（描く）ことができようか、いや、できはしない。

問題演習

1 次の文を書き下し文に改めよ。［2点×2］

① 何《ゾ》不レ知《ランヤ》。 訳 どうして知らないだろうか、いや、知っている。

② 此レ水之性《ナラン》邪。 訳 これは水の本性であろうか、いや、そうではない。

2 書き下し文を参考にして、次の文に返り点・送り仮名をつけよ。［2点×2］

① 不馴於己乎。

己《おのれ》に馴《な》れざらんや。 訳 私になつかないことがあろうか、いや、なつく。

② 割鶏、焉用牛刀。

鶏《にはとり》を割《さ》くに、焉《いづ》くんぞ牛刀《ぎうたう》を用《もち》ゐん。

訳 鶏を割くのに、どうして牛刀を使う必要があろうか、いや、その必要はない。

8 春秋左氏伝《しゅんじゅうさしでん》

句形 反語形②

知・技	/25
思・判・表	/25
合計	/50

目標解答時間 20分

現在、主に「物事に熱中して手のつけられないほどになる。」の意味で使われる「病　膏肓《こうこう》に入《い》る」。次の話を読んで、この故事成語の由来を確認しよう。

*晋《しん》ノ景《けい》公《こう》*疾《やまひ》病《へい》ナリ。求ム二医ヲ于秦《しん》ニ一。①*秦伯使*医緩*為之。未ダルニレ至ラ、公ノ夢ニ、疾為リテ二二*豎《じゅ》子ト一、曰ハク、a「彼ハ良医也。b懼《おそ》ルレ傷ツケンコトヲレ我ヲ。②焉《いづ》クニカ逃レントレ之ヲ。」c其ノ一ハ曰ハク、「居ラバ二*肓《くわう》之上、*膏《かう》之下ニ一、③若レ我ヲ何セント。」医至リテ曰ハク、④「疾不ルレ可カラレ為ム也。在リ二肓之上、膏之下ニ一、攻ムルハレ之ヲ不可ナリ。達スルモレ之ニ不レ及バ、薬不レ至ラ焉。⑤不ルレ可カラレ為ム也ト。」公曰ハク、「良医也ト。」

a 彼は名医である。
② どこに逃げようか。
④ 病気は治療のしようがありません。
⑤ 針を打っても病気のところまで届かず、薬もそこには届きません。

*晋景公…春秋時代の晋の国の君主。
*疾病…病気が重くなること。
*秦伯…秦の国の君主。
*医緩…緩《かん》という名の医者。
*為之…治療する。
*肓…横隔膜の上。
*豎子…子供。
*膏…心臓の下。

本文の展開

空欄にあてはまる語句を本文中から抜き出せ。［1点×4］

▼景公の病気が重くなったので、治療のため医緩が派遣された。
▼景公の夢に、病気が二人の子供になって現れた。
「医緩は良医だから、どこに逃げようか。」
「①□の上、②□の下に逃げ込もう。」
▼医緩が到着して言った、
「病気は③□の上、④□の下にあるので、これに達しようとしても及ばず、薬もこれに届かない。だから治療はできません。」と。
▼景公は、「良医である。」と言った。

基本句形の整理　反語形②　↓4行

反語形は一字の疑問詞で表されるのが基本だが、ほかにも**二字からなるものや、特別な形**（二七ページ参照）などがある。

● **何為～**《なんすレゾ～ン(ヤ)》　なんすレゾ～ン(ヤ)
● **何以～**《なにヲもツテ(カ)～ン(ヤ)》　なにヲもツテ(カ)～ン(ヤ)

問一 語句 二重傍線部a～cの読みを現代仮名遣いで書け。 〔3点×3〕

a リテ　b 　c ノ

問二 訓点 傍線部①を「秦伯《しんはく》 医緩《いくわん》をして之を為《をさ》めしむ。」と読めるように、返り点と送り仮名をつけよ。 〔5点〕

秦 伯 使 医 緩 為 之。

問三 文脈 傍線部②「焉逃レ之。」とは、何から逃れることを言っているのか。本文中から二字で抜き出せ。（訓点不要） 〔7点〕

問四 内容 傍線部③「若レ我何。」は、どういうことを表しているか。次から選べ。 〔7点〕

ア 病気は治療できない。

イ 病気は完治する。

ウ 病巣を探し当てられない。

エ 医者は驚くだろう。

問五 訓読 傍線部④「疾不レ可レ為也。」を書き下し文に改めよ。 〔3点〕

問六 理由 景公が、傍線部⑤「良医也。」と言ったのはなぜか。理由として最も適当なものを次から選べ。 〔7点〕

ア さすがは秦伯の派遣してくれた医者だと感心したから。

イ 診断により、景公の病気の原因をはっきりと言い当てたから。

ウ 医緩の診断が夢に見た内容と同じであったから。

エ 景公の病気は治療しても無駄であると診断したから。

● 何《ゾ》必《ズシモ》～ン《(ヤ)》　なんゾかならズシモ～ン(ヤ)

若レ～何《ヲ》《セン》 ⇒ ～をいかんセン

訳 ～をどうしようか、いや、どうしようもない

例 若レ我《ヲ》何《セン》。 ⇒ 我《われ》を若何《いかん》せん。

訳 我々をどうしようか、いや、どうすることもできない。

問題演習

1 次の文を書き下し文に改めよ。 〔2点×2〕

① 何為《レゾ》不《ランヤ》レ読《マ》レ書《ヲ》。

訳 どうして書物を読まないことがあろうか、いや、読む。

② 何《ゾ》必《ズシモ》曰《ハン》レ利《ト》。

訳 どうして利について言う必要があろうか、いや、言う必要はない。

2 書き下し文を参考にして、次の文に返り点・送り仮名をつけよ。 〔2点×2〕

① 如 何 遠 千 里。

如何《いかん》ぞ千里《せんり》を遠《とほ》しとせんや。

訳 どうして千里を遠いとしようか、いや、遠いとはしない。

② 何 以 与 於 彼。

何《なに》を以《も》つて彼《かれ》に与《あた》へんや。

訳 どうして彼に与えようか、いや、与えはしない。

9 東坡全集《とうばぜんしふ》

蘇軾《そしょく》は、すべて「道」というものは急に求めて得られるものではなく、日ごろの精進によってしだいに身につくものであることを説いている。ここにあげた文章は、「没人」（水に潜る道を会得している人）を例にして、「道を得る」方法について述べたものである。

句形　反語形③

南方ニ多キハ二没*人一、日ニ与レ水居レバ也。（毎日水とともに生活しているからである。）七歳ニシテ而能ク渉《わたり》*、十歳ニシテ而能ク浮カビ、十五ニシテ而能ク没ス矣。夫レ‖a没スル者ハ、①豈ニ苟《かりそ》*メニ然ラン哉。②必将有得于水之道者。（必ず水の「道」を会得するということがあるにちがいない。）日ニ与レ水居レバ、則チ十五ニシテ而得二其ノ道ヲ一。生マレナガラニシテ不*レバレ識ラレ水ヲ、則チ雖モレ壮*ト、見テレ舟ヲ而畏ルレ之ヲ。故ニ北*方之勇者、問ヒテ二于没人ニ一、而求メ三其ノ所‖b以ヲ二没スル一、③以ツテ二其ノ言ヲ一試ムルニ二之ヲ河ニ一、④未ダレ有ラ二不ルレ溺レ者一也。故ニ凡ソ‖c不シテレ学バ而務メントレ求ムルハレ道ヲ、皆北方之学ブレ没スルヲ者也。

本文の展開　空欄にあてはまる語句を本文中から抜き出せ。［1点×4］

▼南方に没人が多いのは、毎日、水とともに生活しているからである。七歳で水を歩いて渡り、十歳で水に浮いて泳ぎ、十五歳で水に潜る。

▼潜水は簡単にはできることではなく、そこには必ず［①　　］の会得ということがある。毎日、水のそばにいれば、十五歳で水の「道」を得、そうでなかったら壮年になっても舟を見てそれを怖がる。

▼だから北方の勇者が没人に水に潜る方法を求めて試してみても、溺れない者はいない。

▼それゆえ、学ばずして［②　　］を求めようとする者は、みな［③　　］の人で［④　　］を学ぶ者の類いである。

語注

＊没人…水に潜るのが上手な人。
＊渉…歩いて水を渡る。
＊苟…かりそめに。簡単に。
＊不識水…水に慣れ親しんでいない。
＊壮…三十歳。壮年。
＊北方之勇者…北方に住んでいる勇ましい男。

知・技	/21
思・判・表	/29
合計	/50

目標解答時間 25分

問一 語句 二重傍線部a〜cの読みを現代仮名遣いで書け。［3点×3］

a □レ　b □ヲ　c □ソ

問二 内容 傍線部①「豈苟然哉。」の意味として適当なものを次から選べ。［6点］

ア 簡単にできないわけではない。
イ 人間にとって自然なことだ。
ウ そんなに簡単にできることではない。
エ 人間にとってどうして自然なことであろうか。

問三 訓点 傍線部②を「必ず将に水の道を得る者《こと》有らんとす。」と読めるように、返り点と送り仮名をつけよ。［6点］

必 将 有 得 于 水 之 道 者。

問四 文脈 傍線部③「以二其言一試二之河一」の「其」は何をさしているか。本文中の語を用いて答えよ。（訓点不要）［6点］

問五 内容 傍線部④「未レ有二不レ溺者一也。」とはどういう意味か。適当なものを次から選べ。［6点］

ア 未溺　イ 皆溺　ウ 将溺　エ 已溺

問六 主題 この文章で筆者が最も言いたいことは何か。適当なものを次から選べ。［7点］

ア 水に潜るためには、上手な人の指導が必要だ。
イ 学ばなくても道を得られるような人にならなくてはいけない。
ウ 舟を見て恐れるようでは、水に潜ることは難しい。
エ 道を得るためには、日ごろからの不断の学習が大切だ。

基本句形の整理　反語形③ ➡3行

◆特別な形

●豈ニ〜ン(ヤ)　あニ〜ン(ヤ)　●独リ〜ン(ヤ)　ひとリ〜ン(ヤ)

敢ヘテ不レラン〜(乎)ヤ ➡あヘテ〜ざラン(や)

訳 どうして〜しないだろうか、いや、〜しないわけにはいかない

例 敢ヘテ不レラン走ゲ乎ヤ。 ➡**敢《あ》へて走《に》げざらんや。**

訳 どうして逃げないだろうか、いや、きっと逃げる。

問題演習

1 次の文を書き下し文に改めよ。［2点］

独リ不レラン恥レヂ之ヲ乎。

訳 どうしてこれを恥じないことがあろうか、いや、恥じる。

2 書き下し文を参考にして、次の文に返り点・送り仮名をつけよ。［2点×2］

① 豈 唯 順 之。

豈《あ》に唯《た》だ之《これ》に順《したが》ふのみならんや。

訳 どうしてただこれに従うだけであろうか、いや、従うだけではない。

② 敢 不 敬 親 与。

敢《あ》へて親《おや》を敬《けい》せざらんや。

訳 どうして親を尊敬しないだろうか、いや、必ず尊敬する。

荘子《さうし》

句形　感嘆形①

荘子は次の文章で、夢と思ったことが現実であり、その反対に現実と思ったことが夢である、というように、世の中のすべての区別を超越して、変化の相そのものを見つめることの大切さを述べる。

[a]*昔者、荘周夢ニ為ル二蝴蝶ト一。*栩《く》栩《く》然《ぜん》トシテ蝴蝶也。[b]自ラ①喩《たの》シミ*適《かな》ヘルレ志ニ与《か》。（荘周は夢の中で蝶になった。）②不ルレ知ラ周ナルヲ也。*俄《が》然トシテ覚ムレバ、[c]則チ*蘧《きよ》蘧《きよ》然《ぜん》トシテ周也。③不レ知ラ、周之夢ニ為レル二蝴蝶ト一与《か》、蝴蝶之夢ニ為レル二周ト一与。④周与蝴蝶、則チ必ズ有ランレ分*矣。此レヲ之レ謂フ二*物化ト一。

*昔者…かつて。以前。「者」は時を表す語に添える助字。
*栩栩然…ひらひらと飛ぶさま。
*適志…気持ちがのびのびする。
*俄然…にわかに。　*蘧蘧然…驚くさま。
*物化…万物の極まりない変化。　*分…区別。

本文の展開

空欄にあてはまる語句を本文中から抜き出せ。［1点×3］

夢	①［　　］ 栩栩然 ひらひらりと飛び楽しむ
現実	荘周 ②［　　］ 驚くことに自分は荘周だ

どちらが本当の自分なのか？
⬅ しかし、それは問題ではない。
⬅ この世のあらゆるものは変化してやまない。
⬅ これを③［　　］という。

基本句形の整理

感嘆形① ➡2行

感嘆形は、喜怒哀楽などの、心の大きな揺らぎを表す形である。

◆感嘆詞を用いるもの ———

● 嗟《ああ》・噫《ああ》・唉《ああ》・於《あ》呼《あ》・嗚《あ》呼《あ》・嗟《あ》夫《あ》　ああ

◆感嘆の助字を用いるもの ———

知・技　/25
思・判・表　/25
合計　/50
目標解答時間　20分

問一 語句 二重傍線部a〜cの読みを現代仮名遣いで書け。 [3点×3]

a 　 b 　ラ c 　チ

問二 内容 傍線部①「適レ志与。」は、どういうことについての感慨を述べているのか。解答欄にあてはまる語を本文中から二字で抜き出せ。（訓点不要） [7点]

荘周が 　 になったこと。

問三 訓読 傍線部②「不レ知レ周也。」を書き下し文に改めよ。 [4点]

問四 文脈 傍線部③「不レ知」の内容はどこまでか。終わりの二字を抜き出せ。（訓点不要） [7点]

問五 訓点 傍線部④を「周と蝴蝶とは、」と読めるように、返り点と送り仮名をつけよ。 [4点]

周 与 蝴 蝶、

問六 主題 本文の主旨と最も合致するものを次から選べ。 [8点]

ア 人の死ほどこの世で悲しいものはない。
イ 善悪の区別をはっきりと理解すべきである。
ウ 万物の変化の中でその時々を楽しむのがよい。
エ 夢の中では現実のことを忘れているものだ。

● 〜哉《かな》・乎《かな》・矣《かな》・夫《かな》・歟《かな》・与《かな》・乎哉《かな》 〜かな

嗚呼〜哉

⬇ ああ〜かな 訳 ああ〜だなあ

例 嗚 呼、哀《シイ》 哉。 ⬇ ああ、哀《かな》しいかな。

訳 ああ、哀しいことだなあ。

問題演習

1 次の文を書き下し文に改めよ。 [2点×2]

① 嗚 呼、滅《ボセシ》ニ 六 国《ヲ》一 者《ハ》 六 国 也。

訳 ああ、六国を滅ぼしたのは六国自身であるよ。

② 自《ラ》 喩《シミ》 適《ヘル》レ 志《ニ》 与。

訳 なんと気ままに楽しんで、気持ちがのびのびしていたことか。

2 書き下し文を参考にして、次の文に返り点・送り仮名をつけよ。 [2点×2]

① 唉、豎 子、不 足 与 謀。

唉《ああ》、豎子《じゅし》、与《とも》に謀《はか》るに足《た》らず。

訳 ああ、小僧め、ともにはかるに足らぬやつよ。

② 久 矣、吾 不 復 夢 見 周 公。

久《ひさ》しいかな、吾《われ》 復《ま》た夢《ゆめ》に周公《しゅうこう》を見《み》ず。

訳 なんとも長い間、夢に周公を見ることもないよ。

呂氏春秋《りょししゅんじゅう》

句形　感嘆形②

舟で長江《ちょうこう》を渡っていた楚《そ》の人が剣を落とした。楚の人は、どんな方法で剣を探したのだろうか。また、その方法は、二段落目で何のたとえになっているだろうか。

楚*人《ニ》有《リ》㆓渉*《わたル》㆑江《かうヲ》者㆒。其《ノ》剣自*《より》㆓舟中㆒墜《ツ》㆓於水㆒。(a)遽*《にはカニ》刻《ミテ》㆓其《ノ》舟㆒曰《ハク》、「是《レ》吾《ガ》剣之所*《ナリト》㆓従《リテ》墜《チシ》㆒。」(b)舟止《マル》。①従其所刻者、入水求之。A舟《ハ》已《すでニ》行《ケリ》矣。而*《しかモ》B剣《ハ》不㆑行《カ》。②求《ムルコト》㆑剣《ヲ》若《キハ》㆑此《かクノ》、不㆓亦惑《ヒナラ》㆒乎。

以《ツテ》㆓故*法《ヲ》㆒(c)為《ムルハ》㆓其《ノ》国《ヲ》㆒、与㆑此《レ》同《ジ》。時《ハ》已《ニ》徙《うつレリ》矣。而《モ》法《ハ》不㆑徙《ラ》。以《ツテ》㆑此《レヲ》為《スハ》㆑治《ヲ》、③豈《あニ》不㆑難《かたカラ》哉。

（遽刻其舟＝大急ぎで舟べりに目印をつけて）
（A＝舟はもうすでに動いてしまっている。）
（②＝なんとまあ道理のわからぬことではないか。）
（以故法為其国＝古いやり方で国を治めようとするのは、）
（而＝しかし）
（法不徙＝方法は変わっていない。）

＊楚…春秋・戦国時代にあった国の名。
＊渉江…長江を舟で渡る。
＊自…〜から。起点を表す。
＊遽…大急ぎで。　＊所従墜…落ちた場所。
＊而…しかし。逆接を表す。
＊故法…古い（政治の）やり方。

本文の展開

空欄にあてはまる語句を本文中から抜き出せ。【1点×4】

▼楚人の剣が、舟から水中に落ちた。
・舟べりに目印をつけ、舟を止めて目印の下の水中を探したが、剣は見つからない。
・①［　　］はすでに進んでいる。しかし②［　　］は動いていない。
　↓
融通のきかないやり方である。
▼古いやり方で国を治めるのはこれと同じだ。
③［　　］はすでに移っているのに、④［　　］は変わらない。
　↓
これでは政治はできない。

基本句形の整理　感嘆形②　➡4・6行

感嘆形には、**疑問や反語の形を用いて表現するものもある。**

◆疑問形を用いるもの
● 一 何《ゾ》〜　いつニなんゾ〜
● 非《ズ》㆑〜 乎《ニ》　〜ニあらズや

知・技	/25
思・判・表	/25
合計	/50
目標解答時間	20分

問一 語句 二重傍線部a〜cの読みを現代仮名遣いで書け。［2点×3］

a（　　）ツ　b（　　）リテ　c（　　）ムルハ

問二 訓点 傍線部①を「其の刻みし所の者より、水に入りて之を求む。」と読めるように、返り点と送り仮名をつけよ。［6点］

従 其 所 刻 者、入 水 求 之。

問三 訓読 傍線部②「求レ剣若レ此、不二亦惑一乎。」を書き下し文に改めよ。［5点］

問四 内容 傍線部②「求レ剣若レ此」の「此」は、どのような剣の探し方をさしているのか。二十字以内で説明せよ。［7点］

問五 口語訳 傍線部③「豈不レ難哉。」を口語訳せよ。［6点］

問六 文脈 傍線部A「舟已行矣。」、B「剣不レ行。」は、それぞれどういうことのたとえか。次から選べ。［4点×2］

ア 剣自二舟中一墜二於水一。
イ 舟止。
ウ 時已徙矣。
エ 法不レ徙。

A（　　）　B（　　）

◆反語形を用いるもの

●豈不レ〜乎　あニ〜ずや　●不二亦〜一乎　また〜ずや

何ゾ（其レ）〜也 ➡なんゾ（そレ）〜や　訳 なんと〜だなあ

例 是レ何ゾ楚人之多キ也。
➡是《こ》れ何《なん》ぞ楚《そ》人《ひと》の多《おほ》きや。
訳 これはなんと楚人の多いことだなあ。

問題演習

1 次の文を書き下し文に改めよ。［2点×2］

① 豈ニ不ニ誠ノ大丈夫ナラ一乎。
訳 なんと誠の男子たる者ではないか。

② 不ニ亦君子ナラ一乎。
訳 なんと君子ではないか。

2 書き下し文を参考にして、次の文に返り点・送り仮名をつけよ。［2点×2］

① 今 夕 復 何 夕、共 此 灯 燭 光。
今夕《こんせき》復《ま》た何《なん》の夕《ゆふ》べぞ、此《こ》の灯燭《とうしよく》の光《ひかり》を共《とも》にせんとは。
訳 今夜はいったいなんという（すばらしい）夜なのか、この明かりにいっしょに照らされようとは。

② 不 亦 遠 乎。
亦《また》遠《とほ》からずや。
訳 なんと遠いことではないか。

12

礼記《らいき》

舅《しゅうと》・夫、そして我が子まで虎に食い殺されて嘆き悲しんでいる婦人。どうしてこんな恐ろしいところを去らないのかという孔子《こうし》の問いに対して、婦人は何と答えたのだろうか。

孔子過《グ》二泰*山《ノ》側《かたはラヲ》一。有《リテ》下婦人《ノ》哭*《スル》二於墓《ニ》一者上而哀《かなシ》a*。夫子‖式*《しょく》《シテ》而聴《キ》レ之《ヲ》、①使《メテ》二子*路《ヲシテ》問《ハ》一レ之《ニ》曰《ハク》、「子之哭《スル》也《あなたの泣く様子は》b‖壱*《いつニ》似《タリ》二重《ネテ》有《ル》レ憂《ヒ》者《ニ》一。」而《すなはチ》曰《ハク》、「②然《リ》。昔者吾舅《ガ》《しうと》《私の舅が》死《シ》二於虎《ニ》一《虎に殺され、》、吾《ガ》夫又死《シ》二於③焉《ニ》一、今吾《ガ》子又死《セリ》二於焉《ニ》一。」夫子曰《ハク》、「④何為《レゾ》不《ル》レ去《ラ》也《ト》。」曰《ハク》、「無《ケレバ》《ナリト》二苛政一。」夫子曰《ハク》、「小*子《おまえたちよ、よく覚えておきなさい、》識《しるセ》レ之《ヲ》、⑤苛政《ハ》猛《ニ》二於虎《ヨリモ》一也《ト》。」

＊泰山…山の名。　＊哭…死者を悼んで大声で泣く。
＊夫子…賢者・先生の敬称。孔子をさす。
＊式…車の横木に手をついてする礼。
＊子路…孔子の弟子の仲由《ちゅうゆう》。子路は字《あざな》。　＊小子…弟子たち。
＊壱…ひとえに。もっぱら。

句形　使役形①

使役形・受身形

本文の展開　空欄にあてはまる語句を本文中から抜き出せ。［1点×4］

▼孔子が〔①　　〕のふもとを通りかかると、一人の婦人が墓の前で泣いていた。
⬅それを見た孔子は、
▼弟子の〔②　　〕に尋ねさせた、
「あなたには何度も悲しいことがあったようですが。」と。
▼婦人は答えて言った、
「そのとおりです。私の舅と〔③　　〕と子が虎に殺されたのです。」と。
⬅それを聞いた孔子は、
▼「どうしてここから逃げないのですか。」と尋ねた。
・婦人は言った、
「〔④　　〕がないからです。」と。
▼孔子は言った、
「弟子たちよ、よく覚えておけよ、苛酷な政治は虎よりも恐ろしいのだ。」と。

知・技　/20
思・判・表　/30
合計　/50
目標解答時間　20分

基本句形の整理

使役形①　➡2行

使役形は、ある者が他の者に命じてある動作をさせることを表す。

問一 語句 二重傍線部a、bの読みを現代仮名遣いで書け。 [3点×2]

a

b

問二 訓読 傍線部①「使㆓子路問㆑之曰、㆒」を書き下し文に改めよ。 [6点]

問三 文脈 傍線部②「然」はどのような内容をさすか。本文中から五字以内で抜き出せ。（訓点不要） [7点]

問四 文脈 傍線部③「焉」は何をさすか。本文中から抜き出せ。（訓点不要） [6点]

問五 内容 傍線部④「何為不㆑去也。」の意味として適当なものを次から選べ。 [6点]

ア どうしてもここから逃げたくない。
イ どうしてここから逃げないのか。
ウ いつになったらここから逃げるのか。
エ ここから逃げてどこに行くのか。

問六 内容 傍線部⑤「苛政猛㆓於虎㆒也。」とはどういう意味か。適当なものを次から選べ。 [7点]

ア 人民は虎よりも苛酷な政治を望むものなのだ。
イ 人民を甘やかす政治ほど苛酷なものはない。
ウ 人を食い殺す虎よりも恐ろしいものはない。
エ 苛酷な政治は虎よりも恐ろしいのだ。

◆使役の助字を用いるもの

● 使《しム》・令《しム》・教《しム》・遣《しム》㆓～㆒（セ） ～（セ）しム

使《ム》㆓A《ヲシテ》B（セ）㆒

⬇ AヲシテB（セ）しム 訳 AにBさせる

例 我使《ム》㆓馬《ヲシテ》走《ラ》㆒。

⬇ 我《われ》馬《うま》をして走《はし》らしむ。 訳 私は馬を走らせた。

＊Aは使役の対象。省略されることもある。

＊A（使役の対象）には、「ヲシテ」と送り仮名をつける。

問題演習

1 次の文を書き下し文に改めよ。 [2点×2]

① 天帝使《ム》㆓我《ヲシテ》王《タラ》㆒。 訳 天帝は私を王にならせた。

② 遣《ム》㆓従者《ヲシテ》先行《セ》㆒。 訳 従者を先に行かせた。

2 書き下し文を参考にして、次の文に返り点・送り仮名をつけよ。 [2点×2]

① 趙 王 令 臣 献 璧。

趙王《てうわう》 臣《しん》をして璧《へき》を献《けん》ぜしむ。 訳 趙王は臣に璧玉を献上させた。

② 孔 子 教 弟 子 学 詩。

孔子《こうし》 弟子《ていし》をして詩《し》を学《まな》ばしむ。 訳 孔子は弟子に『詩経《しきょう》』を学ばせた。

13 列子《れっし》

句形 使役形②

使役形・受身形

知・技	思・判・表	合計
/25	/25	/50

目標解答時間 20分

道家の書物である『列子』は、諸子百家の書の中でもたとえ話が多く見られるものの一つとして知られる。次の文章は、列子が儒家を批判するためにしたたとえ話である。

*宋《そうニ》有《リ》二*狙《そ》公《ナル》者一。愛《シ》レ狙《ヲ》、養《ヒテ》レ之《ヲ》成《ス》レ群《レヲ》。a‖能《ク》解《シ》二狙之意《ヲ》一、狙《モ》亦《また》得《タリ》二公之心《ヲ》一。①損《ジ》二其《ノ》家口《ヲ》一、充《ツ》二狙之欲《ニ》一。b‖俄《カニシテ》而*匱《とぼシ》焉。②将《ニ》レ限《ラント》二其《ノ》*食《しヲ》一。③恐《ル》衆狙之不《ルヲ》馴《レ》於己《ニ》一也、先《まヅ》*誑《あざむキテ》レ之《ヲ》曰《ハク》、「与《フルニ》二若《ニ》c‖*芧《しよヲ》一、朝《あしたニ》三《ニシテ》而暮《レニ》四《ニセバ》、足《ル》乎《かト》。」衆狙皆起《たチテ》而怒《ル》。俄《カニシテ》而曰《ハク》、「与《フルニ》二若《ニ》芧《ヲ》一、朝《ニ》四《ニシテ》而暮《レニ》三《ニセバ》、足《ル》乎《ト》。」衆狙皆伏《シテ》而喜《ブ》。

（宋有狙公者：宋の国に狙公という者がいた。）
（①：猿の食欲を満たしていた。）
（b：急に貧乏になった。）
（③：猿たちが自分に懐かなくなるのを心配して、）
（与若芧：おまえたちにどんぐりをやるのに、）

*宋…春秋・戦国時代にあった国の名。
*狙…猿。
*匱…貧乏になる。足りなくなる。
*食…餌。食料。飼料の場合は「し」と読む。
*誑…だます。
*芧…どんぐり。

本文の展開

空欄にあてはまる語句を本文中から抜き出せ。〔1点×4〕

▼宋の狙公は猿をたくさん飼っていた。
- 狙公は猿の考えを［①　］し、猿も狙公の気持ちを［②　］ていた。
- 急に狙公は貧乏になった。
- 狙公は猿の餌を減らすために、次のように言って、猿をだました。

▼狙公の言うことには、
- 「どんぐりを、朝三つ夕方四つでどうかな。」
⬇猿たちは少ないと［③　］った。
- 「では、朝四つ夕方三つではどうかな。」
⬇猿たちは増えたと思って［④　］んだ。

基本句形の整理　使役形②

使役形は使役の助字を用いるのが基本だが、次の表現もある。

◆使役を暗示する動詞を用いるもの

命《ジテ》レ A《ニ》 B《（セ）シム》
⬇Aニめいジテ B（セ）シム
訳 AにめいしてBさせる

問一 語句 二重傍線部a〜cの読みを現代仮名遣いで書け。 [3点×3]

a ク　b カニシテ　c ニ

問二 内容 傍線部①「其家口」の意味として最も適当なものを次から選べ。 [7点]

ア 猿たちの数　イ 自分の家族の食べる分
ウ 猿たちの食べる分　エ 自分の家の部屋数

問三 訓読 傍線部②「将レ限二其食一。」を書き下し文に改めよ。 [3点]

問四 訓点 傍線部③を「衆狙の己に馴《な》れざらんことを恐るるや、」と読めるように、返り点と送り仮名をつけよ。 [5点]

恐 衆 狙 之 不 馴 於 己 也、

問五 理由 狙公が先に「朝三而暮四、足乎。」と提案し、「朝四而暮三、足乎。」を後にしたのはなぜか。二十字以内で説明せよ。 [7点]

問六 主題 この話によって、列子は儒家のどのような点を批判しようとしているのか。最も適当なものを次から選べ。 [7点]

ア 言うことが頻繁に変わって一定しない点。
イ 他者の言葉を何でもすべて受け入れている点。
ウ 知恵のある者が言葉巧みに愚かな者をだましている点。
エ 常に相手に妥協することを強要している点。

例 王 命ジテレ 我ニ 守ラシムレ 関ヲ。
訳 王は私に命令して関所を守らせた。
→ 王《わう》我《われ》に命《めい》じて関《くわん》を守《まも》らしむ。

◆前後の文意から判断するもの

例 此レ 率ヰテレ 獣ヲ 而 食マシムルレ 人ヲ 也。
→ 此《こ》れ獣《けもの》を率《ひき》ゐて人《ひと》を食《は》ましむるなり。
訳 これは獣を率いて人間を食べさせる(ような)ものだ。

問題演習

1 次の文を書き下し文に改めよ。 [2点×2]

① 聊《いささカ》 命ジテ二 故 人ニ一 書セシムレ 之ヲ。
訳 まずは友人に言ってこれを書かせたのだ。

② 高 祖 詔《みことのりシテ》 捕ラヘシム二 韓 信ヲ一。
訳 高祖は詔して韓信を捕らえさせた。

2 書き下し文を参考にして、次の文に返り点・送り仮名をつけよ。 [2点×2]

① 予 助 苗 長 矣。
予《われ》苗《なへ》を助《たす》けて長《ちやう》ぜしむ。
訳 私は苗を助けて生長させてやった。

② 我 勧 彼 読 書。
我《われ》彼《かれ》に勧《すす》めて書《しよ》を読《よ》ましむ。
訳 私は彼に勧めて書物を読ませた。

14 孔子家語《こうしけご》

句形 受身形①

使役形・受身形

知・技	/25
思・判・表	/25
合計	/50

目標解答時間 20分

次の文章で孔子は、「良薬は口に苦いが、病気には効き目があるように、真心から出た言葉は耳に痛いが、行いには助けとなる」ということを、国や家に例をとりながらわかりやすく説明している。

孔子曰ハク、①「良薬苦於口、而利於病。*忠言ハ
a‖逆ラヘドモ二於耳ニ一、而利アリ二於行ヒニ一。‖b（耳に入れにくいが、行い（を正しくすること）には役立つ。）*湯《たう》・武《ぶ》ハ以テ二*諤《がく》諤《がく》ヲ一而昌《さかへ》、（（臣下の）直言があったので国は栄え、）②*桀《けつ》・
紂《ちう》ハ以テ二*唯《ゐ》唯《ゐ》ヲ一而亡《ほろ》ブ。（（臣下が王の）言いなりになっていたので国は滅びた。）君ニ無ク二争*臣一、父ニ無ク二争*子一、兄ニ
無ク二争*弟一、士ニ無クシテ二争*友一、③無キ二其ノ過チ一者ハ、未ダ二之レ有ラ一也。
c‖故ニ曰ハク、『君失ヒテレ之ヲ臣得レ之ヲ、父失ヒテレ之ヲ子得レ之ヲ。』④是《ここ》ヲ
以テ国ニ無ク二危亡之兆《きざ》シ一、（君主が失敗しても臣下がそれを補い、）父子兄弟ニ無キレ失也ト。」

*忠言…真心から出た言葉。　*湯・武…殷《いん》の湯王《とうおう》と、周《しゅう》の武王《ぶおう》。いずれも賢王。　*諤諤…遠慮なく、はっきりとものを言う。　*桀・紂…夏《か》の桀《けつ》王《おう》と、殷の紂王《ちゅうおう》。いずれも暴君。　*唯唯…何でも聞き入れること。

*争臣…君主の過失を諫《いさ》める臣下。直言を述べて天子と論争する臣下。

*争子…親の過失を諫める子供。　*争弟…兄の過失を諫める弟。

*争友…過ちを諫めてくれる友人。

本文の展開

空欄にあてはまる語句を本文中から抜き出せ。［1点×4］

▼孔子が言った。
・良薬は口に苦いが、病によく効く。
忠言は耳に痛いが、行いに役立つ。
・臣下の忠言によって湯・武は栄え、臣下の忠言がなかったために桀・紂は滅んだ。
▼
①［　　］に忠告してくれる臣がおらず、
②［　　］に忠告してくれる子がおらず、
③［　　］に忠告してくれる弟がおらず、
④［　　］に忠告してくれる友がいない。
⬇間違いが起こる。
・忠告してくれる人がいれば、
⬇国・家に間違いは起こらない。

基本句形の整理

受身形①

受身形は、他の者から何かをされることを表す。

◆受身の助字を用いるもの

● 見《る(らル)》レ・被《る(らル)》レ・為《る(らル)》レ・所《る(らル)》レ ～　　～る・～らル

問一 語句 二重傍線部a～cの読みを現代仮名遣いで書け。［3点×3］

a ［ラヘドモ］ b ［ヒニ］ c ［ニ］

問二 訓点 傍線部①を「良薬は口に苦けれども、病に利あり。」と読めるように、返り点と送り仮名をつけよ。［5点］

良 薬 苦 於 口、而 利 於 病。

問三 文脈 傍線部②「桀・紂以₂唯唯₁而亡。」は、何がなかったから桀・紂の国が滅びたというのか。傍線部②以降の本文中から抜き出せ。（訓点不要）［7点］

問四 内容 傍線部③「無₂其過₁者、未₂之有₁也。」の意味について、最も適当なものを次から選べ。［7点］

ア 過失を犯さない者は、そのようなことにはならない。
イ 過失を犯さない者が、これまでいたためしがない。
ウ 過失を犯すまいとする者は、これまでいなかった。
エ 過失を犯す者が、これまであったであろうか。

問五 訓読 傍線部④「是以国無₂危亡之兆₁」を書き下し文に改めよ。［3点］

問六 内容 本文の内容と一致しないものを次から選べ。［7点］

ア 父が父としての道を踏み外しても、子が正しい道に引き戻す。
イ 殷の湯王、周の武王は、臣下の直言によって国威を高めた。
ウ 夏の桀王、殷の紂王は、忠言を聞き入れた。
エ 親の過ちを諫める子供がいれば、親は過ちを犯さない。

● **Aル(ラル)₂於B₁・Aル(ラル)₂于B₁** BニAル・ラル

見レ～る(らル) ➡ ～る・～らル 訳 ～される

例 我ハ見レ欺カ。 ➡ 我《われ》は欺《あざむ》かる。 訳 私はだまされた。

＊「る」は四段・ナ変・ラ変動詞の未然形に、「らル」はその他の動詞の未然形に接続する。

問題演習

1 次の文を書き下し文に改めよ。［2点×2］

① 忠ナレドモ而被レ謗《そし》ラ。 訳 真心を尽くしながらも悪口を言われる。

② 見レ辱メルルモ而不レ怒ラ。 訳 侮辱されても怒らない。

2 書き下し文を参考にして、次の文に返り点・送り仮名をつけよ。［2点×2］

① 労 力 者、治 於 人。
力《ちから》を労《らう》する者《もの》は、人《ひと》に治《をさ》めらる。
訳 肉体労働をする者は、人に支配される。

② 各 以 罪 之 軽 重 被 罰。
各《おのおの》罪《つみ》の軽重《けいちやう》を以《も》つて罰《ばつ》せらる。
訳 おのおの罪の軽重に応じて罰せられた。

15

韓非子《かんぴし》

句形　受身形②

使役形・受身形

知・技	/25
思・判・表	/25
合計	/50

目標解答時間　20分

徳によって治める政治をよしとする儒家《じゅか》の人々は、堯《ぎょう》・舜《しゅん》といった古代の聖王の政治が理想だと言う。次の話は、韓非がそういう儒家を批判するためにしたたとえ話である。

a宋*人ニ有リ二耕スレ田*ヲ者一。田中ニ有リレ株*。（畑の中に木の切り株があった。）兎《うさぎ》走リテ触レレ株ニ、b

②折リテレ頸《くび》ヲ而死ス。（首を折って死んだ。）c因リテ①釈*テテ二其ノ耒《すき》ヲ一而守*リレ株ヲ、冀《こひねが》フ二復タ得ンコトヲレ兎ヲ。（またうさぎを手に入れることを願った。）

兎不シテレ可カラ二復タ得一、而③身ハ為ル二宋国ノ笑ヒト一。

今④欲以先王*之政、治当世*之民、皆守ルレ株ヲ（切り）之類ヒ也。（株を見守っているのと同じ類いである。）

*宋…春秋・戦国時代にあった国の名。
*田…畑。　*株…木の切り株。
*釈…手から離して。捨てて。
*守…じっと見守る。
*先王之政…古代の聖王たちの徳治政治。
*当世…今の世の中。

本文の展開　空欄にあてはまる語句を本文中から抜き出せ。［1点×4］

▼宋人が畑を耕していると、兎が飛び出してきて畑の中の木の切り株に当たり、くびを折って死んだ。

・宋人はすきを捨て、株を見守り、また［①　　］を手に入れようと願った。

⬇しかしその結果は、兎は得られず、身は［②　　］われた。

▼今、昔の聖王のやり方で当代の民を治めようとするのは、［③　　］を守って［④　　］を得ようとするのと同じだ。

基本句形の整理　受身形②　⬇3行

受身形には、受身の助字を用いるもののほかに、**特定の構文を用いて表現されるもの**がある。

為ル二A ノ所トレB（スル）

⬇AノB（スル）ところトなル

訳　AにBされる

問一 語句 二重傍線部a〜cの読みを現代仮名遣いで書け。［3点×3］

a ニ　b レ　c リテ

問二 内容 傍線部①「釈二其耒一而守レ株、」はどういうことか。具体的に説明せよ。［6点］

問三 訓読 傍線部②「兎不レ可二復得一」を書き下し文に改めよ。［4点］

問四 口語訳 傍線部③「身為二宋国笑一。」を口語訳せよ。［7点］

問五 訓点 傍線部④を「先王の政を以つて、当世の民を治めんと欲するは、」と読むとき、返り点が正しくつけられているものを次から選べ。［4点］

ア 欲レ以二先王之政一、治二当世之民一、
イ 欲三以先王之政、治二当世之民一、
ウ 欲下以二先王之政一、治中当世之民上、
エ 欲三以二先王之政一、治二当世之民一、

問六 主題 この話によって、韓非は儒家のどのような点を批判しようとしているのか。最も適当なものを次から選べ。［8点］

ア 何事も時間をかけずに取り組んでいる点。
イ 新しいやり方を自由に取り入れている点。
ウ 古いやり方を固持して融通がきかない点。
エ 農業の苦労から離れて商業を始めている点。

例 我為ル二楚王ノ所一トレ辱ムル。
↓ 我《われ》楚王《そわう》の辱《はづかし》むる所《ところ》と為《な》る。
訳 私は楚王に辱められた。

＊「Aの為《ため》にBる／(せ)らる。」と訓読することもある。この場合は「所」を受身の助字として読んでいる。
＊Aや「所」は省略されることがある。

問題演習

1 次の文を書き下し文に改めよ。［2点×2］

① 為ニ二衆人ノ一所レ謗《そし》ラ。
訳 みんなに非難された。

② 後《おく》ルレバ即チ為ル二人ノ所一トレ制スル。
訳 人より遅れたら人に抑えられることになる。

2 書き下し文を参考にして、次の文に返り点・送り仮名をつけよ。［2点×2］

① 為後世所笑。
後世《こうせい》の笑《わら》ふ所《ところ》と為《な》る。
訳 後の世の笑いものになる。

② 若属皆且為所虜。
若《なんぢ》が属《ぞく》皆《みな》且《まさ》に虜《とりこ》とする所《ところ》と為《な》らんとす。
訳 おまえの一族は、みな今にも捕虜にされるだろう。

16

唐詩選《とうしせん》

漢詩

句形　受身形③

使役形・受身形

知・技	/25
思・判・表	/25
合計	/50

目標解答時間　20分

生涯の大半を旅で過ごした李白《りはく》は、途中で多くの人々との出会いと別れを経験し、その思いを詩に詠じた。次の「送ル二友人ヲ一」も、友人との別れを惜しむ深情をうたった作品である。

送ル二友人ヲ一　李白

青山横タハリ二*北郭ニ一
白水遶《めぐル》二*東城ヲ一
此ノ地①一為レ別
*孤蓬万里ニ征《ゆク》
浮雲*遊子ノ意
落日②故人ノ情
*揮《ふるツテ》レ手ヲ③自《より》レ茲《ここ》去レバ
*蕭《せう》蕭《せうトシテ》班*馬鳴ク

語注

*北郭・東城…都城の北側と東側。
*孤蓬…風の吹くままに飛ぶ、枯れたよもぎ。
*遊子…旅人。
*揮手…手を打ち振ること。
*蕭蕭…寂しげに馬がいななくさま。
*班馬…別れゆく馬。「班」は別れる意。

本文の展開　空欄にあてはまる語句を本文中から抜き出せ。【1点×4】

▼首聯《しゅれん》…青山は町の北側に横たわっており、白水は町の東側をめぐって流れている。
▼頷聯《がんれん》…あなたはこの地に別れを告げ、①［　　］のように万里の彼方《かなた》に旅立つ。
▼頸聯《けいれん》…②［　　］は旅に出るあなたの寂しい思いであり、落日は③［　　］の情のようだ。
▼尾聯《びれん》…手を振りながらあなたがここから去ってゆくと、もの寂しく④［　　］のいななきが聞こえる。

基本句形の整理　受身形③

動詞のなかには、その意味から受身で読まれることが多いものがある。

◆受身を暗示する動詞

問一 知識 この詩の形式を答えよ。［4点］

問二 知識 対句を構成している聯はどれとどれか。次から選べ。［4点］

ア 首聯　イ 頷聯
ウ 頸聯　エ 尾聯

問三 訓読 傍線部①「一為レ別」をすべて平仮名で書き下した文として適当なものを、次から選べ。［4点］

ア ひとたびわかれをなせば
イ ひとたびわかれのために
ウ いつにわかれをなせば
エ いつにわかれのためにせば

問四 語句 傍線部②「故人」の意味を書け。［5点］

問五 文脈 傍線部②「故人」は、ここでは何をさしているか答えよ。［7点］

問六 文脈 傍線部③「自レ茲去」の主語を答えよ。［7点］

問七 主題 この詩にこめられている作者の思いとして適当なものを次から選べ。［7点］

ア 孤独の嘆き　イ 再会の願い
ウ 回顧の思い　エ 惜別の情

封ゼラルレ**〜ニ** ➡ 〜ニほうゼラル

訳 〜に（として）領地を与えられる

例 皆 封ゼラル二 列 侯ニ一。 ➡ **皆列侯《みなれつこう》に封《ほう》ぜらる。**

訳 皆列侯として領地を与えられた。

＊受身を暗示する動詞には、賞罰に関わるものが多い。

問題演習

1 次の文を書き下し文に改めよ。［2点×2］

①滕 子 京 謫セラレテ 守タリ二 巴 陵ニ一。

訳 滕子京《とうしけい》は左遷されて巴陵《はりょう》郡の太守となった。

②将 軍 有ルトモレ 功 亦 誅セラレ、無クトモレ 功 亦 誅セラル。

訳 将軍は功績があっても死刑に処せられ、功績がなくても死刑に処せられるでしょう。

2 書き下し文を参考にして、次の文に返り点・送り仮名をつけよ。［2点×2］

①拝 礼 部 員 外 郎。

礼部員外郎《れいぶゐんぐわいらう》に拝《はい》せらる。

訳 礼部員外郎に任命された。

②以 功 封 趙 城。

功《こう》を以《も》って趙城《てうじやう》に封《ほう》ぜらる。

訳 功績によって趙城に領地を与えられた。

史記

句形　仮定形①

李広《りこう》は清廉《せいれん》な人物で、恩賞を受けると部下に分け与えて自分の財産は蓄えず、行軍の際にはまず兵卒に飲食させ、自分は最後にした。そんな李将軍の列伝を、司馬遷《しばせん》は次のように締めくくっている。

*太《たい》史《し》公《こう》曰《ハク》、「*伝《ニ》曰《ハク》、『*其《ノ》身正《シケレバ》、不《シテ》レ令《セ》而行《ハレ》、其《ノ》身不《レバ》レ正《シカラ》、①雖《モ》レ令《スト》不《ト》レ従《ハレ》。』其《レ》*李将軍之謂《いひ》也《か》。余睹《みルニ》二李将軍一《ヲ》、*悛《しゅん》悛《しゅんトシテ》如《ク》二鄙《ひ》人一《ノ》、a‖*口不レ能《ハ》b‖二道辞一《スル》。及《ビ》二死《スル》之日一《ニ》、天下②知《ルト》与レ不《ル》レ知《ラ》、③皆為《ニ》尽《クス》レ哀《かなシミヲ》。彼《ノ》其《ノ》忠実《ノ》心、誠《ニ》信《ゼラルル》二於士大夫一《ニ》也。諺《ことわざニ》曰《ハク》、『桃李不《レドモ》レ言《ものいハ》、下c‖自《ヅカラ》成《なスト》レ蹊《こみちヲ》。』此《ノ》言雖《モ》レ小《ナリト》、④可《キ》二以《ツテ》諭《たとフ》レ大一《ニ》也《ト》。」

（a〜b：これは李将軍のような人のことを言うのであろうか。）

（此言雖小：この言葉は小さいことを言うにすぎないが、）

＊太史公…司馬遷のこと。　＊伝…ここでは『論語《ろんご》』のこと。

＊其身正、不令而行、其身不正、雖令不従。…『論語』子路《しろ》編にある言葉。

＊李将軍…李広のこと。前漢《ぜんかん》の武将。文帝《ぶんてい》・景帝《けいてい》・武帝《ぶてい》の三代に仕え匈奴《きょうど》討伐にあたったが、目立った武功を上げることなく、生涯不遇であった。

＊悛悛…実直なさま。　＊鄙人…田舎の人。

＊口不能道辞…上手に話をすることができない。口べたである。

本文の展開

空欄にあてはまる語句を本文中から抜き出せ。［1点×3］

▼ ①［　　　　］（＝司馬遷）が言うことには、

・李将軍は、古い書物にある、「上に立つ者自身が ②［　　　　］ しければ、命令しないでも行われる。」というような人であった。

・李将軍が亡くなった日には、天下の人々は皆、哀悼の意を尽くした。

▼李将軍こそは、 ③［　　　　］ に言う、「桃李不レ言、下自成レ蹊。」にたとえられるような人である。

基本句形の整理

仮定形①　⬇1・2行

仮定形とは、ある条件を仮に想定して、その結論を述べる表現である。

◆仮定の副詞・接続詞を用いるもの

● 若《シ》〜《バ》・如《シ》〜《バ》　もシ〜バ

● 苟《シクモ》〜《トモ》　いやシクモ〜トモ

● 縦《ヒ》〜《トモ》　たとヒ〜トモ

● 雖《モ》レ〜《ト》　〜トいへどモ

知・技　/23

思・判・表　/27

合計　/50

目標解答時間　20分

問一 語句 二重傍線部a〜cの読みを現代仮名遣いで書け。 〔3点×3〕

a [ク]　b [ハ]　c [ヅカラ]

問二 文脈 傍線部①「雖レ令不レ従。」と対照的な内容を述べている箇所を本文中から抜き出せ。(訓点不要) 〔5点〕

問三 内容 傍線部②「知与レ不レ知、」の意味として適当なものを次から選べ。 〔6点〕

ア 李将軍を知っている者も知らない者も、
イ 李将軍と知り合いになりたいと思った人は、
ウ 太史公の知り合いもそうでない人も、
エ 李将軍が付き合っていた人たちは、

問四 文脈 傍線部③「皆為尽レ哀。」の「為」の下に言葉を補うとしたら、何が適当か。本文中から三字以内で抜き出せ。(訓点不要) 〔6点〕

問五 訓読 傍線部④「可ニ以諭一大也。」を書き下し文に改めよ。(文末の「と」は不要) 〔6点〕

問六 主題 本文から読み取れる李将軍の人柄を、次から選べ。 〔7点〕

ア 将軍として思う存分に活躍した人。
イ 人の言うことに耳を傾けることのない人。
ウ 誠実な人柄で、誰からも愛された人。
エ 口べたで、お世辞を言うことができない人。

若シ〜バ ➡もシ〜バ 訳 もしも〜ならば

例 学若シ不レンバ成ラ、死ストモ不レ還ラ。
➡学《がく》若《も》し成《な》らずんば、死《し》すとも還《かへ》らず。
訳 学問がもし完成しなかったら、死んでも帰らない。

＊「若・如」は順接、「苟・縦・雖」は逆接の仮定形。

問題演習

1 次の文を書き下し文に改めよ。 〔2点×2〕

① 苟シクモ富貴トナルトモ、無ニ相忘ルルコト一。
訳 もし富貴の身になったとしても、忘れはしない。

② 雖モ令ストモ不レ従ハレ。
訳 命令したとしても(民に)従われることはない。

2 書き下し文を参考にして、次の文に返り点・送り仮名をつけよ。 〔2点×2〕

① 若 嗣 子 可 輔、輔 之。
若《も》し嗣子《しし》輔《たす》くべくんば、之《これ》を輔《たす》けよ。
訳 もし後継ぎが補佐するに足る人物であれば、補佐してほしい。

② 雖 国 大、好 戦 必 亡。
国《くに》大《だい》なりと雖《いへど》も、戦《たたか》ひを好《この》まば必《かなら》ず亡《ほろ》びん。
訳 たとえ国が大きくても、戦争を好めばきっと滅亡する。

孟子

句形　仮定形②

王道政治を主張し、民のための政治を説いた孟子《もうし》。その孟子が斉《せい》の宣王《せんおう》に、たとえ話を用いて、政治における王の責任を追及したのが次の文章である。

孟子謂《いヒテ》二斉《ノ》宣王《ニ》一曰《ハク》、「王之臣《ニ》有《リ》下託《*シテ》二其《ノ》妻子《ヲ》於其《ノ》友《ニ》一、而 ‖a 之《キテ》レ楚《ニ》遊《ブ》者上。比《*およビテ》二其《ノ》反《ルニ》一 ‖b 也、則《チ》凍《*とう》二（その）餒《だいせ》《シメバ》其《ノ》妻子《ヲ》一、則《チ》①如之何。」王曰《ハク》、「②棄《テント》レ之《ヲ》。」曰《ハク》、「士*師③不能治士、則《チ》如之何。」王曰《ハク》、「④已《メント》レ之《ヲ》。」曰《ハク》、「四*境之内不《ンバ》レ治《マラ》、則《チ》如之何。」王⑤顧《ミテ》二*左右《ヲ》一而言《フ》レ他《ヲ》。

（凍餒其妻子：妻子を飢え凍えさせていたとしたら、）
（④：見捨ててしまおう。）
（⑤：王は側近の者を振り返って、他のことを言った。）

*託…頼む。
*凍餒…凍え飢える。
*四境之内…国内。
*比…およぶ。「及」に同じ。
*士師…裁判所の長官。
*左右…側近の臣下。

本文の展開

空欄にあてはまる語句を本文中から抜き出せ。［1点×4］

▼孟子が斉の宣王に言った、（質問①）「王の臣下で、その妻子を友人に託して楚に旅に行った者がいて、帰ってみると妻子が飢え凍えていたとしたら、王はどうされますか。」

・王は言った、「①［　　］」（王の答え）

▼孟子が言った、（質問②）「裁判官の長が士を監督できなかったら、どうされますか。」

・王は言った、「②［　　］」（王の答え）

▼孟子が言った、（質問③）「③［　　］が治まらなかったら、どうされますか。」

・王は、④［　　］。

基本句形の整理

仮定形② ➡3・4・5行

仮定形は、仮定の副詞や接続詞で表すのが基本だが、ほかに、**文脈から仮定に読む場合**がある。

● **使《メバ》レ（セ）〜**　〜（セ）しメバ

知・技　/25
思・判・表　/25
合計　/50
目標解答時間　20分

問一 語句 二重傍線部a、bの意味として適当なものを次から選べ。［3点×2］

a ア 行く　イ 買う　ウ 帰る　エ だます

b ア 裏切る　イ 帰る　ウ 反省する　エ 住む

a　b

問二 訓読 傍線部①「如之何。」の書き下し文として適当なものを次から選べ。［5点］

ア 之《これ》に如《ゆ》きて何《なに》かせんと。　イ 之《か》くの如《ごと》く何《なん》ぞやと。

ウ 之《これ》を如何《いかん》せんと。　エ 之《これ》と如何《いかん》せんと。

問三 文脈 傍線部②「棄レ之。」は何を見捨てるのか。本文中から抜き出せ。（訓点不要）［7点］

問四 訓点 傍線部③は「士を治むること能《あた》はずんば、」と訓読する。これに従って返り点と送り仮名をつけよ。［6点］

不 能 治 士、

問五 内容 傍線部④「已」とは、どうするというのか。適当なものを次から選べ。［7点］

ア 昇級させる　イ 追放する

ウ 免職にする　エ 友人にする

問六 内容 傍線部⑤「顧ニ左右一而言レ他。」のような態度をとった宣王の心情として適当なものを次から選べ。［7点］

ア 自分の責任を問われてはまずいと思った。

イ 孟子の話に納得し、責任を感じた。

ウ 友人や長官の責任感の強さに感動した。

エ 飢え凍えていた妻子をかわいそうに思った。

●微《カリセバ》レ〜　〜なカリセバ　●不《ンバ》レA 不レB　Aずンバ Bず

使《メバ》ニA《ヲシテ》 B（セ）一 ⇒ AヲシテB（セ）しメバ

訳 AにBさせたならば

例 訳 使《メバ》ニ民《ヲシテ》 衣食ニ有《ラ》レ余《リ》、 ⇒ 民《たみ》をして衣食《いしよく》に余《あま》り有《あ》らしめば、

訳 民に十分に衣食を与えたならば、

問題演習

1 次の文を書き下し文に改めよ。［2点×2］

① 使《メバ》ニ我《ヲシテ》為《ラ》ニ将　軍一、

訳 もしわたしを将軍にしたならば、

② 今　日　不《フラ》レ雨、明　日　不《ンバ》レ雨《フラ》、

訳 今日雨が降らず、明日も雨が降らなければ、

2 書き下し文を参考にして、次の文に返り点・送り仮名をつけよ。［2点×2］

① 有　備　無　患。

備《そな》へ有《あ》れば患《うれ》ひ無《な》し。　訳 用意をしておけば、心配はない。

② 不　入　虎　穴、不　得　虎　子。

虎穴《こけつ》に入《い》らずんば、虎子《こし》を得《え》ず。

訳 虎の穴に入らなければ、虎の子を手に入れられない。

19 論語《ろんご》

句形 限定形

知・技 /25　思・判・表 /25　合計 /50

目標解答時間 20分

孔子《こうし》は、弟子の子游《しゆう》が治めている武城《ぶじょう》の町に入った。高級な音楽の音色を耳にして、孔子は笑った。生真面目な子游が、町の規模にはそぐわない格式の高い政治をしていることがうかがわれたからである。

子*之《キ》(a)二武*城《ニ》一、聞《ク》二絃*《げん》歌《か》之声《ヲ》一。夫*子莞*《くわん》爾《じトシテ》而笑《ヒテ》曰《ハク》、「①割*鶏、焉用牛*刀。」子*游対《ヘテ》(b)曰《ハク》、「昔者偃《えん》也《や》、聞《ク》二②諸《ヲ》夫子《ニ》一。曰《ハク》、『君子③学《ベバ》レ道《ヲ》則《チ》(c)愛《シ》レ人《ヲ》、小人学《ベバ》レ道《ヲ》則《チ》易《キ》レ使《ヒ》也《ト》。』」子曰《ハク》、「二*三子、偃之言《ハ》是*《ぜ》也。④前言《ハ》戯《レシ》レ之《ニ》耳《ト》。」

（①礼楽を学ぶ琴の音や歌声が聞こえた。／b 孔子はにっこりと笑って／昔者偃也 わたくし偃は、／② このようなことを先生から聞いております。／二三子 おまえたちよ、）

*子・夫子…先生。孔子のこと。　*武城…魯《ろ》の国の小さな町の名。

*絃歌之声…琴に合わせて歌う歌声。　*莞爾…にっこりと。

*割鶏…鶏を料理する。　*牛刀…牛を解体するのに使う大きな刀。

*子游…孔子の弟子。姓は言、名は偃《えん》。子游は字《あざな》。このとき武城の町長であった。

*二三子…ここでは弟子たちへの呼びかけ。おまえたち。

*是…正しい。

本文の展開

空欄にあてはまる語句を本文中から抜き出せ。〔1点×4〕

▼孔子は弟子の子游が治めている武城の町に出かけた。

← 絃歌の声を聞き、にっこり笑って、「割鶏、［①　　］。」

▼子游が言うには、「以前、先生はこのように言われました。［②　　］→学レ道→愛レ人　［③　　］→学レ道→易レ使。」

← それを聞いて、

▼孔子が言うには、「［④　　］の言うことは正しい。先ほどは冗談を言っただけだよ。」

基本句形の整理

限定形 ➡5行

限定形とは、その程度・分量を限定し、文を強調する表現である。

◆限定の副詞を用いるもの

● 但《ダ》～《ノミ》・唯《ダ》～《ノミ》・惟《ダ》～《ノミ》・只《ダ》～《ノミ》・直《ダ》～《ノミ》　たダ～ノミ

◆限定の助字を用いるもの

問一 語句 二重傍線部a～cの読みを現代仮名遣いで書け。［3点×3］

a ［　　キ］　b ［　　ヘテ］　c ［　　チ］

問二 訓点 傍線部①を「鶏を割《さ》くに、焉《いづ》くんぞ牛刀を用ゐんと。」と読めるように、返り点と送り仮名をつけよ。［4点］

割 鶏、焉 用 牛 刀。

問三 文脈 傍線部②「諸」がさす内容の初めと終わりの二字を本文中から抜き出せ。（訓点不要）［6点］

［　　～　　］

問四 内容 傍線部③「学レ道」とはどういうことか。最も適当なものを次から選べ。［7点］

ア 人を愛する方法を学ぶこと。
イ 音楽の演奏法を身につけること。
ウ 調理の方法を習得すること。
エ 礼楽の道を学ぶこと。

［　　］

問五 文脈 傍線部④「前言」の内容を、本文中から八字以内で抜き出せ。（返り点・送り仮名不要）［8点］

［　　　　　　　　］

問六 語句 この話から「鶏を割くに、焉くんぞ牛刀を用いん」という故事成語ができたが、その意味として適当なものを次から選べ。［4点］

ア 小さなものよりも大きなもののほうが価値があるということ。
イ 大きなことをするためには、まず小さなことをせよということ。
ウ 小さなことをするのに大げさな方法を用いること。
エ 仕事をするのにその大小は関係ないということ。

［　　］

● ～耳《のみ》・爾《のみ》・而已《のみ》・而已矣《のみ》　～のみ

直《ダ》～耳 ⬇ たダ～のみ　訳 ただ～だけだ

例 直ダ不ル二百歩ナラ一耳。
⬇ **直《た》だ百歩《ひやつぽ》ならざるのみ。**
訳 ただ（逃げたのが）百歩でないだけだ。

問題演習

1 次の文を書き下し文に改めよ。［2点×2］

① 但ダ聞クノミ二人語ノ響クヲ一。
訳 ただ人の話し声が響くのが聞こえるだけだ。

［　　　　　　　　］

② 前言ハ戯レシレ之ニ耳。
訳 先ほどは冗談を言っただけだ。

［　　　　　　　　］

2 書き下し文を参考にして、次の文に返り点・送り仮名をつけよ。［2点×2］

① 独 我 知 之 耳。
独《ひと》り我《われ》之《これ》を知《し》るのみ。
訳 ひとり私がこれを知っているだけだ。

② 不 害 苗 長 而 已。
苗《なへ》の長《ちやう》ずるを害《がい》せざるのみ。
訳 苗が伸びるのを損なわなかっただけだ。

孟子

句形 累加形

知・技	/25
思・判・表	/25
合計	/50

目標解答時間 20分

孟子は、「人は自分の飼っている鶏や犬が逃げてしまうと、それを捜し求めようとするが、自分本来の心を失っても、それを捜し求めようとはしない。」と言う。次の文は、これに続く文章である。

孟子曰《ハク》、「今、有《リ》ニ無*名之指、屈《シテ》而不《ル》レ信《のビ》*。①非疾痛害事也。（痛みがあって仕事をするのに差し支えがあるというのではない。）如《シ》a有《ラバ》ニ能《ク》b信《バス》レ之《ヲ》者一、則《チ》不《ラン》レ遠《シトセ》ニ秦*楚之路《みちヲ》一。為ニ指之不《ル》レ若レ人也。（指が他人に及ばないからである。）②指不若人、則《チ》③知《ルモ》レ悪《ムヲ》*レ之《ヲ》、心不レ若レ人、則《チ》不レ知《ラ》レ悪《ムヲ》。④此《レヲ》之《こレ》謂《フ》レ不《ト》レ知《ラ》レ類《ヲ》*也《ト》。」（これこそがものごとの比較を知らないということである。）

*無名之指…薬指のこと。
*信…のびる。「伸」に同じ。
*秦楚之路…秦や楚に行くような遠い道のり。
*悪…憎む。
*類…比較。比べる。

本文の展開

空欄にあてはまる語句を本文中から抜き出せ。［1点×4］

▼今、［①　　］の指が、曲がって伸びないとする。別に痛くて仕事に差し支えることもない。

←もし、治してくれる人がいたら、［②　　］の路であっても遠いと思わない。

←それは、指が人に及ばないからである。

▼［③　　］が人に及ばないと、人はこれを憎むことを知っているが、［④　　］が人に及ばなくても、人はこれを憎むことを知らない。

▼←これを「不知類」というのだ。

基本句形の整理　累加形

累加形は、前の文の上に後の文を累(かさ)ね加える表現である。

不ニ唯《ダ》〜《ノミナラ》一・不ニ惟《ダ》〜《ノミナラ》一・不ニ徒《ダ》〜《ノミナラ》一

問一 語句 二重傍線部a、bの読みを現代仮名遣いで書け。〔3点×2〕

a [　　　シ]　b [　　　ク]

問二 訓点 傍線部①を「疾痛《しっつう》して事に害あるに非《あら》ざるなり。」と読めるように、返り点と送り仮名をつけよ。〔6点〕

非 疾 痛 害 事 也。

問三 訓読 傍線部②「指不若人、」の書き下し文として適当なものを次から選べ。〔5点〕

ア 指の人に若《し》かざれば、
イ 指は人のごとくして、
ウ 指にあらざれば人のごとく、
エ 指は若人ならずして、

問四 文脈 傍線部③「知㆑悪㆑之、」は何を憎むのか。本文中から一字で抜き出せ。〔7点〕

問五 文脈 傍線部④「此」がさす内容の初めと終わりの三字を本文中から抜き出せ。(訓点不要)〔6点〕

[　　　]～[　　　]

問六 主題 この文章で孟子は何を言おうとしているのか。適当なものを次から選べ。〔8点〕

ア 心の修養をするには、遠くの国であっても行くべきだ。
イ 自分の心を正しくするためには、人の指を見るべきだ。
ウ 薬指は、指の中で最も大切にしなくてはならない。
エ 心が人に及ばないことを憎んで、自分の心を正しくせよ。

⬇ただダニ～ノミナラず、　訳 ただ～だけではなく、

例 不㆓唯ダニ忘㆑ルルノミナラ帰ルヲ、可㆓シ以ツテ終㆑フ老イヲ。

⬇唯《た》だに帰《かへ》るを忘《わす》るるのみならず、以《も》って老《お》いを終《を》ふべし。

訳 ただ帰るのを忘れるだけでなく、生涯を過ごしてもよい。

＊「不」の代わりに「非」、「唯」の代わりに「独《ひとり》」も用いる。
＊「不唯～」に呼応して、後の文が「而又《しかもまた》～」と続く場合もある。

■問題演習■

1 次の文を書き下し文に改めよ。〔2点×2〕

① 非㆔ザル独リ賢者ノミ有㆓ルニ是ノ心㆒也。人皆有㆑リ之。

訳 ただ優れた人だけがこの心を持っているのではない。人は誰でもこの心を持っている。

② 不㆔惟ダニ有㆓ルノミナラ超世之才㆒、

訳 ただ世に飛び抜けた才能を持っているだけではなく、

2 書き下し文を参考にして、次の文に返り点・送り仮名をつけよ。〔2点×2〕

① 非 徒 無 益、而 又 害 之。

徒《た》だに益無《えきな》きのみに非《あら》ず、而《しか》も又之《またこれ》を害《がい》す。

訳 ただ益がないだけではなく、その上に害を与えている。

② 不 惟 怠 之、又 従 而 盗 之。

惟《た》だに之《これ》を怠《おこた》るのみならず、又従《またしたが》ひて之《これ》を盗《ぬす》む。

訳 ただこれを怠るだけでなく、その上に盗むのである。

21

漢書《かんじょ》

句形 比較形①

前漢《ぜんかん》の宣帝《せんてい》の時代に、西方の異民族である羌《きょう》が反乱を起こした。宣帝は、当時七十歳を過ぎていた将軍・趙充国《ちょうじゅうこく》のもとに御史大夫《ぎょしたいふ》の丙吉《へいきつ》を遣わして、誰を羌討伐軍の将軍にすればよいかと尋ねた。

充*国対《ヘテ》曰《ハク》、「亡《なシト》下踰《*こユル》二於①老臣《ニ》一者上矣。」上*《しやう》遣《メテ》レ問《ハ》レ焉《ニ》。ａ‖曰《ハク》、「将軍度《はかルニ》二羌*《きやう》虜《りよヲ》一何如。ｂ‖②当《ニ》レ《キカト》用《キル》二幾人《ヲ》一。」充国曰《ハク》、「③百聞《ハ》不《レ》如《カ》二一見《ニ》一。兵《ハ》難《シ》二遥《カニ》度《リ》一。臣願《ハクハ》馳《はセテ》至《リ》二金*城《ニ》一、図《*シテ》上《たてまつラン》二方*略《ヲ》一。ｃ‖然《レドモ》羌*戎《じゆう》小夷《い》、逆《ラヒテ》レ天《ニ》背*畔《ス》。滅亡《スルコト》不《レ》久《シカラ》。願《ハクハ》陛下以《ツテ》属《*しよくシ》二老臣《ニ》一、④勿以為憂。」⑤上笑《ヒテ》曰《ハク》、「諾《ト》。」

（将軍度羌虜何如＝将軍が羌虜の兵力をおしはかると）
（幾人＝どれだけの兵力）
（兵難遥度＝戦いのことは遠くからでは推測できないものです。）
（勿以為憂＝ご心配なさいませぬように。）

＊充国…趙充国。前漢の将軍。　＊踰…「越」に同じ。
＊上…主上。天子のこと。ここでは前漢の宣帝。
＊羌虜…中国西部に住んでいたチベット系の異民族である羌。「虜」は敵をののしっていう語。　＊金城…羌の根拠地。　＊図…図に描く。
＊方略…方策。はかりごと。　＊羌戎小夷…「取るに足らぬ蛮族の羌」の意。
＊背畔…そむく。　＊属…任せる。

本文の展開

空欄にあてはまる語句を本文中から抜き出せ。［1点×4］

（羌族の反乱に、天子は誰を将軍として派遣しようかと考えていた。このとき充国は七十余歳。天子はこれを老齢と考えた。）

▼天子は充国に尋ねた。「①［　　］の兵力はどれほどか？」

▼充国は答えた、「②［　　］は③［　　］に如かず。④［　　］に馳《は》せ参じて敵地を見て、策を立てましょう。」

▼天子は笑って「諾。」と言った。

基本句形の整理

比較形①　⬇3行

比較形とは、二つ以上のものの状態や性質などを比べる表現である。

◆二者の比較

●—ニ於《ヨリ(モ)》～一・—ニ于《ヨリ(モ)》～一・—ニ乎《ヨリ(モ)》～一　～ヨリ(モ)—

●不《レ》如《カ》レ～・不《レ》若《カ》レ～　～ニしカず

知・技　/25
思・判・表　/25
合計　/50
目標解答時間　20分

問一 語句 二重傍線部a〜cの読みを現代仮名遣いで書け。〔3点×3〕

a ニ　b 　c レドモ

問二 文脈 傍線部①「老臣」は誰をさすか。本文中から抜き出せ。（訓点不要）〔7点〕

問三 訓読 傍線部②「当㆑用㆓幾人㆒。」を書き下し文に改めよ。（文末の「と」は不要）〔4点〕

問四 内容 傍線部③「百聞不㆑如㆓一見㆒」で、充国はどうするのがよいと主張しているのか。最も適当なものを次から選べ。〔7点〕

ア 天の意思に逆らわない。
イ このままじっとしている。
ウ 異民族を信じない。
エ すぐに金城に行く。

問五 訓点 傍線部④を「以つて憂ひと為す勿かれと。」と読めるように、返り点と送り仮名をつけよ。〔4点〕

勿 以 為 憂。

問六 内容 傍線部⑤「上笑曰、『諾。』」から、充国はどうすることになったとわかるか。次から選べ。〔7点〕

ア 羌討伐軍の将軍に任命された。
イ 丙吉の部下として出征した。
ウ 高齢のため引退させられた。
エ 天子にあきれられた。

●不㆑及㆑〜ニ　〜ニおよバズ

A ハ C ㆓於 B ㆒ヨリ(モ)　➡Aハ Bヨリ(モ)C　訳 AはBよりもCだ

例 青ハ取㆓リテ之ヲ於藍㆒ヨリ、而青㆓ク於藍㆒ヨリモ、
➡青《あを》は之《これ》を藍《あゐ》より取《と》りて、藍《あゐ》よりも青《あを》く、
訳 青（の染料）は藍草から取るが、藍草よりも青く、

問題演習

1 次の文を書き下し文に改めよ。〔2点×2〕

① 苛政ハ猛㆓於虎㆒ヨリモ也。　訳 むごい政治は虎よりもひどい。

② 百聞ハ不㆑如カ㆓一見㆒ニ。　訳 百回聞くことは一回見ることに及ばない。

2 書き下し文を参考にして、次の各文に返り点・送り仮名をつけよ。〔2点×2〕

① 霜 葉 紅 於 二 月 花。
霜葉《さうえふ》は二月《にぐわつ》の花《はな》よりも紅《くれなゐ》なり。
訳 霜で色づいた葉は二月に咲く花よりも赤い。

② 吾 不 如 韓 信。
吾《われ》は韓信《かんしん》に如《し》かず。
訳 私（の才能）は韓信には及ばない。

22 蒙求

句形 比較形②

知・技	/24
思・判・表	/26
合計	/50

目標解答時間 20分

玉《ぎょく》（宝玉）を手に入れた宋《そう》の国の人は、その玉を司城《しじょう》の職にあった子罕《しかん》に献上した。しかし、子罕はその玉を受け取ろうとしなかった。なぜ、子罕は受け取らなかったのだろうか。

*宋《そう》人《ひと》得レ玉《ヲ》、①献諸*司城*子罕。子罕②弗レ受《ケ》。献《ズル》レ玉《ヲ》者曰《ハク》、「以《ツテ》示《スニ》二玉*人《ニ》一、玉人以《ツテ》為《ス》レ宝《ト》。a‖故《ニ》献《ズト》レ之《ヲ》。」子罕曰《ハク》、「我《ハ》以《ツテ》レ不《ルヲ》レ貪《むさぼラ》為《シ》レ宝《ト》、③爾《なんぢハ》以《ツテ》レ玉《ヲ》為《ス》レ宝《ト》。b‖若《シ》以《ツテ》与《フレバ》レ我《ニ》、④皆喪《うしなフ》レ宝《ヲ》也。不《ト》レ若《しカ》三人《ゴトニ》有《スルニ》二其《ノ》宝《ヲ》一。」

（我以不貪為宝：私は物をひどく欲しがらないことを宝としており、）

（不若人有其宝：お互いに自分自身の宝を持っているのに越したことはありません。）

*宋…戦国時代にあった国の名。
*子罕…人名。
*司城…土地や人民を司《つかさど》る大臣。
*玉人…玉を細工する職人。

本文の展開

空欄にあてはまる語句を本文中から抜き出せ。［1点×4］

▼玉を手に入れた宋の国の人は、それを司城の［①　］に献上した。

⬅しかし

▼子罕はそれを受け取らなかった。

⬅そこで

▼宋人は言った、「この玉を［②　］に見せたところ、これは宝だということです。」と。

⬅それに対して

▼子罕は言った、「私は［③　］を宝としており、あなたは［④　］を宝としている。二人がそれぞれ宝を持っているほうがよい。」と。

基本句形の整理

比較形② ⬇4行

比較するものが三つ以上になると、そのなかで一番のものを取り上げることになる。

◆最上級

● 莫《シ》レA《ハ》二於B《ヨリ(モ)》一・無《シ》レA《ハ》二乎B《ヨリ(モ)》一　　Bヨリ(モ)Aハなシ

問一 語句 二重傍線部a、bの読みを現代仮名遣いで書け。〔3点×2〕

a ニ　b シ

問二 訓読 傍線部①「献諸司城子罕。」の書き下し文として適当なものを次から選べ。〔5点〕

ア 諸を司城の子罕に献ず。
イ 諸の司城の子罕に献ず。
ウ 諸司城の子罕に献ず。
エ 司城の子罕に諸を献ず。

問三 語句 傍線部②「弗」と同じ用法の字を次から選べ。〔5点〕

ア 不　イ 尚　ウ 常　エ 与

問四 口語訳 傍線部③「爾以レ玉為レ宝。」を口語訳せよ。〔7点〕

問五 内容 傍線部④「皆」がさす内容として適当なものを次から選べ。〔7点〕

ア 宋人と玉人
イ 宋人と子罕
ウ 玉人と子罕
エ 宋人と子罕と玉人

問六 理由 子罕が玉を受け取ろうとしなかったのはなぜか。その理由となる部分の初めと終わりの二字を本文中から抜き出せ。（訓点不要）〔8点〕

〜

● 莫シレ〜ハレ焉ヨリ(モ)　これヨリ(モ)〜ハなシ

莫シレ若クハレ〜ニ　➡〜ニしクハなシ

訳 〜に及ぶものはない（〜が一番である）

例 衣ハ莫シレ若クハレ新タナルニ。➡衣《ころも》は新《あら》たなる**に若《し》くは莫《な》し。**

訳 衣服は新しいのに及ぶものはない。（一番よい。）

問題演習

1 次の文を書き下し文に改めよ。〔2点×2〕

① 治メレ世ヲ安ンズルハレ民ヲ、莫シレ如クハレ徳ニ。

訳 世の中を治めて民を安らかに暮らさせるのは、徳に及ぶものはない。（一番よい。）

② 人之行ヒハ、莫シレ大ナルハニ於孝ヨリモ一。

訳 人の行為の中では、孝行よりも大きなものはない。（一番大きい。）

2 書き下し文を参考にして、次の文に返り点・送り仮名をつけよ。〔2点×2〕

① 求 仁 莫 近 焉。

仁《じん》を求《もと》むること焉《これ》よりも近《ちか》きは莫《な》し。

訳 仁を求めることとしてこれより近い方法はない。（一番近い方法である。）

② 人 莫 若 故。

人《ひと》は故《ふる》きに若《し》くは莫《な》し。

訳 人は古なじみに越したことはない。（一番よい。）

韓非子

句形 比較形③

目標解答時間 20分

知・技 /25
思・判・表 /25
合計 /50

靴を買いに行くために、まず自分の足のサイズを測っておいた鄭《てい》の国の人。市場に行って靴を見つけたが、その寸法書きを忘れてしまった。はたして鄭の国の人はどうしただろうか。

*鄭《てい》人《ひとニ》①有《リ》二且《まさニ・すル》レ*置《かハント》レ*履《くつヲ》者一。a先《ヅ》自《ラ》度《はかリテ》二其《ノ》足《ヲ》一、而置《キ》二之《ヲ》其《ノ》坐《ニ》一、至《リテ》レ之《ゆクニ》レ市《ニ》、而忘《ル》レ操《とルヲ》レ之《ヲ》。已《ニ》得《テ》レ履《ヲ》、b乃《チ》曰《ハク》、「吾忘《ルト》レ持《スルヲ》レ*度《ヲ》。」②*反《リ》帰《リテ》取《ル》レ之《ヲ》。及《ビテ》レ反《ルニ》市罷《やム》。遂《ニ》不レ得レ履《ヲ》。人曰《ハク》、「③何不試之以足。」曰《ハク》、「④寧《むしロ》信《ズルモ》レ度《ヲ》、無《キ》二自《ラ》信《ズル》一也《ト》。」

（傍注）至之市、：市場に出かけるときになって、／已得履、：市場で履物を見つけて／及反：(市場に)戻ってみると

*鄭…戦国時代にあった国の名。
*置…買う。
*履…はきもの。
*度…寸法書き。
*反帰…かえる。自分の家に戻ること。

本文の展開 空欄にあてはまる語句を本文中から抜き出せ。［1点×3］

▼鄭の国の人で［①　　］を買おうとした人がいた。

↓

まず、自分の足のサイズを測って、［②　　］(寸法書き)を作った。

▼市場に行って、靴を買おうとして、寸法書きを忘れたことに気づいた。

↓

寸法書きを家に取りに戻り、市場に引き返してみると、市場は終わっていた。

▼結局、靴を買うことができなかった。

・ある人が言った、
「どうして自分の［③　　］で試してみないのか?」と。

・鄭人は言った、
「寸法書きは信用できても、自分の足は信用できないのだ。」と。

基本句形の整理 比較形③ ⬇4行

比較形には、二つの事物を比較したうえで一方を**選択**する表現もある。

● **与《リハ》二其《ノ》A《(セ)ン》一寧《ロ》B《(セヨ)》** そノA(セ)ンよリハむしロB(セヨ)

● **与《リハ》二其《ノ》A《(セ)ン》一不《カ》レ如《(スル)ニ》レB** そノA(セ)ンよリハB(スル)ニしカず

問一 語句 二重傍線部a、bの読みを現代仮名遣いで書け。 〔3点×2〕

a ＿＿ヅ　b ＿＿チ

問二 訓読 傍線部①「有二且レ置レ履者一。」を書き下し文に改めよ。 〔5点〕

問三 文脈 傍線部②「取レ之」とは何を取るのか。本文中の語を抜き出せ。（訓点不要） 〔7点〕

問四 訓点 傍線部③を「何ぞ之を試みるに足を以つてせざると。」と読めるように、返り点と送り仮名をつけよ。 〔6点〕

何 不 試 之 以 足。

問五 内容 傍線部④「寧信レ度、無二自信一也。」の意味として適当なものを次から選べ。 〔7点〕

ア 寸法書きのためなら、自分を犠牲にしてもよい。
イ 寸法書きは信用できても、自分の足は信用できない。
ウ 寸法書きよりも、自分の足のほうが確かだ。
エ 寸法書きを信用しても、自分のためにはならない。

問六 主題 この文章から、韓非子の主張はどのようなものと考えられるか。適当なものを次から選べ。 〔8点〕

ア 古い考えにこだわらず、現実にも目を向ける必要がある。
イ 現実に目を向けるだけでは、世の中はよく治まっていかない。
ウ いかなる場合にも、定められた法に従うべきである。
エ 法は形だけのものであって、いつも従うべきではない。

寧《ロ》 A《（ス）トモ》 無《カレ》レ B《（スル）［コト］》 ➡むしロA（ス）トモB（スル）［コト］なカレ

訳 いっそAしてもBするな

例 寧《ロ》 為《ルトモ》二 鶏 口《ト》一、無《カレ》レ 為《ル》二 牛 後《ト》一。

➡寧《むし》ろ鶏口《けいこう》と為《な》るとも、牛後《ぎゅうご》と為《な》る無《な》かれ。

訳 いっそ鶏のくちばしになっても、牛の肛門《こうもん》にはなるな。

問題演習

1 次の文を書き下し文に改めよ。 〔2点×2〕

① 礼《ハ》 与《リハ》二 其《ノ》 奢《おごラン》一 也、寧《ロ》 倹《ナレ》。

訳 儀礼は派手であるよりは、質素なほうがよい。

② 寧《ロ》 闘《ハストモ》レ 智《ヲ》、無《カレ》レ 闘《ハスル》レ 力《ヲ》。

訳 いっそ知恵を戦わせても、力を戦わせるな。

2 書き下し文を参考にして、次の文に返り点・送り仮名をつけよ。 〔2点×2〕

① 与 生 而 無 義、不 如 烹。

生《い》きて義《ぎ》無《な》からんよりは、烹《に》らるるに如《し》かず。

訳 生き長らえて義を失うよりは、煮られて死ぬほうがましだ。

② 与 辟 人、寧 辟 世。

人《ひと》を辟《さ》けんよりは、寧《むし》ろ世《よ》を辟《さ》けよ。

訳 人を好き嫌いするよりは、俗世から逃れよ。

三国志《さんごくし》

三国時代、魏《ぎ》の太祖曹操《そうそう》の子曹沖《そうちゅう》は、幼いころから才知のある人物として知られていた。次の文章は、曹沖が温かい気持ちの持ち主でもあったことをしのばせるエピソードである。

句形 抑揚形

太祖馬*鞍在庫《くら》、而[A]鼠《ねずみ》[B]齧《かじ》。庫吏懼《おそ》、必死《ころ》、議欲面*縛首罪《まう》、猶(a)懼①不免。沖謂曰、「待三日中、然後自帰。」沖於是以刀穿《うが》単*衣、如鼠齧者、謬《いつは》為失意、貌《かほ》有愁色。太祖問之。沖対曰、「世俗以為鼠齧衣者、其主不吉。今単衣見(b)齧。(c)是以憂*戚。」太祖曰、「此②妄言耳。③無所苦也。」俄《にはか》而庫吏以齧鞍聞*。太祖笑曰、「児衣在側《かたは》、尚齧。況鞍懸柱乎《や》。」一無所問。

本文の展開

空欄にあてはまる語句を本文中から抜き出せ。［1点×2］

▼倉庫に入れていた曹操の鞍が鼠に齧《かじ》られた。
・庫吏は罪を受けようと思ったが、死罪を恐れてグズグズしていた。
▼曹沖は庫吏に「三日待って自首せよ。」と。
・曹沖は衣服に刀で、鼠が[①]ったような穴を開け、わざと悲しそうな様子をしていた。
▼それを見た曹操がわけを尋ねると、曹沖は、「世間では、鼠齧衣者、其主不吉と言います。私は衣服を鼠に齧られたので心配なのです。」と。
・曹操は、「それは[②]だ。心配するな。」と。
▼にわかに庫吏が来て、鞍の件を白状した。曹操は「児衣在側尚齧。況鞍懸柱乎。」と言って、何もとがめなかった。

語注

*馬鞍…馬の鞍《くら》。
*面縛…罪を謝するため自分で手を後ろに縛ること。
*首罪…罪を申し述べる。白状する。
*単衣…ひとえの羽織。
*憂戚…恐れ、心配すること。
*聞…報告する。

知・技 /23
思・判・表 /27
合計 /50
目標解答時間 25分

問一 語句 二重傍線部a～cの読みを現代仮名遣いで書け。［3点×3］

a ［　　ホ］　b ［　　］　c ［　　ヲ　ツテ］

問二 句形 「ねずみにかじられた」という意味になるように、空欄A・Bに、それぞれ適当な語を一字補え。［4点×2］

［A］鼠［B］齧

問三 内容 傍線部①「不レ免。」とは、どういう事態を考えているのか。適当なものを次から選べ。［6点］

ア 死罪になること。　イ 罪を許されること。
ウ 失敗が露見すること。　エ 免職になること。

問四 文脈 傍線部②「此」がさす内容の初めと終わりの三字を本文中から抜き出せ。（訓点不要）［6点］

［　　　］～［　　　］

問五 口語訳 傍線部③「児衣在レ側尚齧。況鞍懸レ柱乎。」を口語訳せよ。［6点］

問六 主題 この話の主題として適当なものを次から選べ。［7点］

ア 曹沖の仁愛に満ちた人柄。　イ 世間で言われていることの誤り。
ウ 庫吏の利己的な態度。　エ 曹操の寛容さと度量の大きさ。

基本句形の整理

抑揚形 ↓8行

抑揚形は、前半の内容を低く抑えて述べ、後半を強調する表現である。

A且《スラかツ》B、況《ンヤ》C《ヲ》乎 ↓Aスラかツ B、いはンヤCヲや

訳 AでさえBなのだから、ましてCにあってはなおさらBだ

例 **死馬且《スラ ツ》買《フ》レ之《ヲ》、況《ンヤ》生《ケル》者《ヲ》乎。**

↓死馬《しば》**すら**且《か》**つ**之《これ》を買《か》ふ、**況《いは》んや**生《い》ける者《もの》**をや**。

訳 死んだ馬（の骨）でさえ（大金で）買ったのだから、まして生きている馬ならなおさらだ（高く買うと思うだろう）。

＊「且」「況」「乎」は、別の語に置き換えられたり省略されたりする。前半・後半全体が省略されることもあるが、補って考える。

問題演習

1 次の文を書き下し文に改めよ。［2点］

禽獣《スラ》知《ル》レ恩《ヲ》、而《ルヲ》況《ンヤ》於《おイテヲ》レ人《ニ》乎。

訳 禽獣《きんじゅう》でさえ恩を知っている、まして人はなおさら知っている。

2 書き下し文を参考にして、次の文に返り点・送り仮名をつけよ。［2点×2］

①臣 死 且 不 避、卮 酒 安 足 辞。

書 臣《しん》死《し》すら且《か》つ避《さ》けず、卮酒《ししゅ》安《いづ》くんぞ辞《じ》するに足《た》らんや。

訳 私は死でさえも避けようとしない、まして大杯の酒などどうして辞退したりしようか、いや、辞退しない。

②以 獣 相 食、且 人 悪 之。

書 獣《けもの》相食《あひは》むを以《もつ》ってすら、且《か》つ人《ひと》之《これ》を悪《にく》む。

訳 獣が食べ合うことでさえ、人は忌み嫌うものである。

25 近古史談《きんこしだん》

句形 願望形

徳川家康《とくがわいえやす》の次男である秀康《ひでやす》は、武功のある阿閉掃部《あべかもん》を召し抱えた。秀康の家臣が、息子の鎧《よろい》の着初め式で掃部に手柄話を披露するよう頼む。次の文章は、依頼に応えて掃部が語った話の冒頭である。

吾①豈ニ有ラン二武功ノ可キモノレ語ル乎。a無ケレバレ已ムコト則チ有リレ一焉。（しかたがないなら、一つあります。）

吾嘗テ見タリ二一士ノ武風最モ可キレ観ル者ヲ一矣。（一人の武士で武者ぶりの最も見る価値のある者を見たことがあります。）＊賤《しづ》ガ岳《たけ》之役ニ、両軍既ニ散ジ、吾単騎沿ヒテ二＊余《よ》吾《ご》ノ湖《うみ》ニ一而退クトキ、有リ下一騎ノ呼ブ二於後ロニ一者上。回《めぐ》ラシテレ鑣《くつわ》ヲ②接スレバレ之ニ（馬の首をめぐらせてこれに近づくと、）則チ曰ハク、「朝来所レ（朝から討ち取ったのは、）殪《たふ》シシ皆雑兵ナリ矣。不幸ニシテ③未ダレ遇ハ二好敵ニ一。観ル二子ガ＊儀容ヲ一、果タシテ非ズ二凡士ニ一。敢ヘテ請フ一戦シテ決セント二＊輸《ゆ》贏《えい》ヲ一。」余《われ》曰ハク、「諾ト。」下リレ馬ヨリ将ニレ交ヘントレ槍《やり》ヲ。其ノ人曰ハク、「④請フ俟《ま》ツコトヲレ之須臾ニセヨ。」我ガ槍＊衊《けが》レタリト矣。」⑤没シ二＊鋒《ほこ》ヲ於湖ニ一、洗フレ之ヲ者《こと》三タビ。曰ハク、「可シト二以ツテ戦フ一矣。」於イテレ是ニ相闘ヒ、雌雄未ダレ決セ。b而シテ日c已ニ＊昏《こん》黒《こく》タリ。

本文の展開 空欄にあてはまる語句を本文中から抜き出せ。［1点×4］

（手柄話を披露するよう頼まれる。）

⬅

▼自分には語れるような ① はない。

▼自分自身のことではないが、② の戦いで、落ち着き払って戦う一人の武士を見たことがある。

【相手の武士の行動】

・③ と言える武士に声をかける。

・勝負の前に、自分の槍先を三度洗う。

▼ ④ が暮れるまで決着しなかった。

語注

＊賤岳之役…賤ケ岳の戦い。一五八三年（天正一一）、羽柴《はしば》（豊臣《とよとみ》）秀吉《ひでよし》が柴田勝家《しばたかついえ》と争った戦い。

＊余吾湖…今の滋賀県にある余呉湖のこと。

＊儀容…礼儀にかなった姿や様子。

＊輸贏…勝ち負け。

＊衊…血に濡《ぬ》れて汚れていること。

＊鋒…槍の刃先。

＊昏黒…真っ暗なこと。

知・技	/21
思・判・表	/29
合計	/50

目標解答時間 25分

問一 語句 二重傍線部a～cの読みを現代仮名遣いで書け。［3点×3］

a ムコト　b シテ　c ニ

問二 内容 傍線部①「豈有二武功可一レ語乎。」の意味として最も適当なものを次から選べ。［6点］

ア 語れる武功が誰にあるか知っていましょうか、いや、知りません。

イ どうして語れるような武功があるでしょうか、いや、ありません。

ウ きっと語る値打ちのある武功があるにちがいありません。

エ もし武功があるなら、ぜひとも語るべきでしょう。

問三 文脈 傍線部②「接レ之」とあるが、何に「接」したのか。本文中から六字で抜き出せ。(訓点不要)［6点］

問四 訓読 傍線部③「未レ遇二好敵一。」を書き下し文に改めよ。［4点］

問五 口語訳 傍線部④「請俟レ之須臾。」を、何を「俟つ」のかを明らかにして口語訳せよ。［6点］

問六 主題 傍線部⑤「没二鋒於湖一、洗レ之者三。」という相手の武士の行動を、掃部はどう評価したか。最も適当なものを次から選べ。［7点］

ア 誰にでも勝負を挑もうとする非常に好戦的な人だ。

イ 装束のわずかな汚れも見過ごさない潔癖な性格だ。

ウ 相手をじらして、その隙を突こうとする巧者だ。

エ 落ち着いて勝負に臨もうという余裕のある態度だ。

基本句形の整理　願望形 ➡6・7行

願望形とは、「～したい・～してほしい」という意を表す形である。

●請《フ》～《(セ)ン／(セ)ヨ》　こフ～(セ)ン／(セ)ヨ　●願《ハクハ》～《(セ)ン／(セ)ヨ》　ねがハクハ～(セ)ン／(セ)ヨ

●庶幾《ハクハ》～《(セ)ン／(セ)ヨ》　こひねがハクハ～(セ)ン／(セ)ヨ　●欲《ス》レ～《(セ)ント》　～(セ)ントほつス

願《ハクハ》～《(セ)ヨ》 ➡ねがハクハ～(セ)ヨ 訳 どうか～してください

例 願《ハクハ》大王急《ギ》渡《レ》。 ➡願《ねが》はくは大王《だいわう》急《いそ》ぎ渡《わた》れ。

訳 どうか大王さま、急いで(川を)お渡りください。

問題演習

1 次の文を書き下し文に改めよ。［2点×2］

① 我酔《ヱヒテ》欲レ眠《ラント》、君且《しばらク》去《レ》。

訳 わたしは酔ったので眠りたい、君はしばらくここを去ってくれ。

② 請《フ》完《ウシテ》レ璧《ヲ》而帰《ラン》。

訳 どうか璧を完《まつと》うして帰らせてください。

2 書き下し文を参考にして、次の文に返り点・送り仮名をつけよ。［2点×2］

① 願聞子之志。

願《ねが》はくは子《し》の志《こころざし》を聞《き》かん。

訳 どうか先生のお気持ちをお聞かせください。

② 王庶幾改之。

王《わう》庶幾《こひねが》はくは之《これ》を改《あらた》めよ。

訳 王様、どうかこれをお改めください。

1

無題《むだい》×思い出す事など

夏目《なつめ》漱石《そうせき》

一九一〇年（明治四三）、夏目漱石は胃潰瘍の療養のために訪れた伊豆の修善寺《しゅぜんじ》で大吐血を起こし危篤状態となるが、奇跡的に回復する。次の【文章Ⅰ】は、その二か月後に漱石が作った漢詩、【文章Ⅱ】はその漢詩を作った際のことを記した随筆の一部である。これらを読んで、後の問い（問一～八）に答えよ。

【文章Ⅰ】

無題　夏目漱石

①遺却*新詩無処尋
*嗒《たふ》然《ぜん》トシテ隔テテレ牖《まど》ヲ対《む》カフ二遥《えう》A一
*斜陽満チテレ径《みち》ニ照ラスコトレ僧ヲ遠ク
黄葉一村B
懸クルハ二*偈《げ》ヲ壁間一ニ②*焚《や》クノレ仏ヲ意
見ルハ二雲ヲ天上一ニ抱クノレ琴ヲ心
a人間ノ至楽ハ*江湖ニ老ユルコト
犬吠《ほ》エ鶏鳴ク③共ニ好音

*新詩…漱石が関心を寄せていた西洋的な文学。

*嗒然…我を忘れてぼんやりする様子。

*斜陽…夕日。

*偈…仏典の中の韻文。

*焚仏…丹霞《たんか》禅師が厳しい寒さに木の仏像を焼いて暖をとった故事に基づく。仏の心は仏像にはないことをいう。

*江湖…川と湖。世間から離れた場所をいう。


【文章Ⅱ】

もっとも趣からいえばまことに旧《ふる》い趣である。何の奇もなく、何の新もないといってもよい。実際*ゴルキーでも、*アンドレーフでも、*イブセンでも*ショウでもない。その代わりこの趣は彼ら作家のいまだかつて知らざる興味に属している。また彼らの決して与《あず》からざる境地に存している。現今のわれらが苦しい実生活に取り巻かれる如《ごと》く、現今のわれらが苦しい文学に取り付かれるのも、やむを得ざる悲しき事実ではあるが、いわゆる「現代的気風」に煽《あお》られて、三百六十五日の間、傍目《わきめ》も振らず、*しかく人世を観じたら、人世は定めし窮屈でかつ殺風景なものだろう。たまにはこんな古風の趣がかえって一段の新意をわれらの内面生活上に放射するかも知れない。余は病によってこの陳腐な幸福と爛熟《らんじゅく》な寛裕《くつろぎ》を得て、初めて洋行から帰って平凡な米の飯に向かった時のような心持ちがした。


*ゴルキー…マクシム・ゴーリキー。ロシアの小説家・劇作家。

*アンドレーフ…レオニド・アンドレーエフ。ロシアの作家。

*イブセン…ヘンリック・イプセン。ノルウェーの劇作家・詩人。

*ショウ…バーナード・ショー。アイルランド出身の文学者。

*しかく…然《しか》く。そのように。

知・技　/25
思・判・表　/25
合計　/50
目標解答時間　25分

問一 知識 【文章Ⅰ】の詩の形式を答えよ。 〔3点〕

問二 訓点 傍線部①を「新詩を遺却して処《ところ》として尋ぬる無し」と読めるように、返り点と送り仮名をつけよ。 〔6点〕

遺 却 新 詩 無 処 尋

問三 知識 空欄Aに入る語として適当なものを次から選べ。 〔4点〕

ア 峰　**イ** 村　**ウ** 海　**エ** 林

問四 知識 空欄Bに入る表現として適当なものを次から選べ。 〔4点〕

ア 農夫孤タリ　**イ** 紅葉満チタリ

ウ 蔵スルコト㆑寺ヲ深シ　**エ** 聴ク㆓鐘ノ響キヲ㆒

問五 内容 傍線部②「抱㆑琴心」の説明として適当なものを次から選べ。 〔5点〕

ア 俗世間を超越した自由で高雅な心情を抱いている。

イ 相手に自分の思いが伝わらない悲しみを表現している。

ウ 外国でも自分の文学が評価されることを願っている。

エ 音楽を唯一の楽しみとして、退屈をまぎらわせている。

問六 語句 二重傍線部a「人間」の、⑴読みを現代仮名遣いで書き、⑵同じ意味の語を【文章Ⅱ】の中から抜き出せ。 〔4点×2〕

⑴　⑵

問七 内容 傍線部③「共」がさす具体的な内容を【文章Ⅰ】の中から二つ抜き出せ。（返り点・送り仮名不要） 〔4点×2〕

問八 文脈 次の会話文は、【文章Ⅰ】【文章Ⅱ】についての話し合いである。これを読んで、空欄A〜Cに入る語句を、【文章Ⅰ】【文章Ⅱ】から指定された条件で抜き出せ。 〔4点×3〕

教　師：【文章Ⅰ】と【文章Ⅱ】は、人気小説家だった夏目漱石が四十三歳のときに大吐血を起こした、いわゆる「修善寺の大患《たいかん》」の直後に書かれたものだよ。

生徒A：【文章Ⅱ】の「A（一字）」が「修善寺の大患」のことですね。

生徒B：生死の境をさまようような大病にかかったわけですから、いろいろな影響があったでしょうね。

教　師：そうだね。【文章Ⅱ】より前の部分で漱石は、【文章Ⅰ】の漢詩について、実景とは反しているが当時の自分の心情を詠じたものとしては適当だと評している。どんな心情なのか、【文章Ⅰ】【文章Ⅱ】から考えてみようか。

生徒C：【文章Ⅱ】では、【文章Ⅰ】の趣のことを、「旧い趣」とか「古風の趣」と言っていますね。

生徒A：【文章Ⅰ】と対比されるのは、二・三行目に出てくる作家たちの「現代的気風」に満ちた作品ですね。そうした作品はまた、「B（五字）」とも表現されています。

生徒B：だとすると、それと対照的な十一行目の「陳腐な幸福と爛熟な寛裕」が、当時の漱石の心情だったのではないでしょうか。

生徒C：【文章Ⅰ】でいうと、「C（四字・訓点不要）」ですね。

教　師：漱石は、イギリス留学により日本を離れたことで日本の価値を発見したように、死を目前にしたことで生きる意味を再発見したんだね。

A　B　C

2

十八史略《じふはつしりやく》 × 春秋左氏伝 × 春秋公羊伝《くやう》

次の【文章Ⅰ】は、春秋時代に宋《そう》の襄公《じやう》が起こした楚《そ》との戦いの顛末《てんまつ》を記した『十八史略』の一節で、【文章Ⅱ】と【文章Ⅲ】は、『春秋左氏伝』と『春秋公羊伝』に記された、同じ戦いに関する評語である。これらを読んで、後の問い（問一〜九）に答えよ。

【文章Ⅰ】

宋ハ子*姓ニシテ、商*紂《ちう》ノ庶*兄微*《び》子《し》啓《けい》之所レ封ゼラルル也。後世至リ二春秋一ニ、有リ二襄《じやう》公茲*《じ》父《ほ》トイフ者一。欲シレ覇タラント二諸侯ニ一、a与レ楚戦フ。公*子目*《もく》夷《い》、①請フ下及ビテ二其ノ未ダルニレ陣セ一撃タント上レ之ヲ。公曰ハク、「君子ハ不トレ困《くる》シメ二人ヲ於②阨*《やく》ニ一。」b遂ニ③為ル二楚ノ所一レ敗。④世笑ヒテ⑤以ツテ為ス二宋襄之仁一ト。

＊子姓…「子」という姓（家柄を表す呼称）。
＊商紂…殷《いん》の紂王。
＊庶兄…異母兄。
＊微子啓…人名。
＊茲父…襄公の名。
＊公子…諸侯の子。
＊目夷…襄公の部下。
＊阨…苦しみ。難儀。

【文章Ⅱ】

子*魚曰ハク、⑥「君未ダレ知ラ戦ヲ。」

＊子魚…襄公の軍師。

【文章Ⅲ】

故ニ君子ハ大トス二其ノ不ルヲ一レ鼓*セレ不ルニレ成サレ列ヲ。臨ミテ二大事ニ一而不レ忘レ二大礼ヲ一。⑦有ルモレ君而無シレ臣。c以為ヘラク雖モ二文*王之戦ヒト一、亦不ルレ過ギレ此レニ也ト。

＊鼓…攻撃の合図の太鼓を鳴らす。
＊文王…周の文王。名君として知られる。

知・技	思・判・表	合計
/20	/30	/50

目標解答時間 25分

問一 語句　二重傍線部a～cの読みを現代仮名遣いで書け。［4点×3］

a

b　ニ

c　ヘラク

問二 文脈　傍線部①「及二其未一レ陣」の「其」は何をさすか。【文章Ⅰ】の中から一字で抜き出せ。（返り点・送り仮名不要）［4点］

問三 文脈　傍線部②「阨」とあるが、具体的にはどのようなことか。【文章Ⅲ】の中から当てはまるものを三字で抜き出せ。（訓点不要）［5点］

問四 口語訳　傍線部③「為二楚所一レ敗。」を口語訳せよ。［4点］

問五 理由　傍線部④「世笑」の理由として最も適当なものを次から選べ。［5点］

ア　戦場で、敵軍と互いに万全の状態で戦おうとする襄公の姿勢に感心したから。

イ　覇者を目ざす襄公が、敵のだまし討ちにあって敗れたことにあきれたから。

ウ　みすみす相手を攻撃する好機を逃して敗れた襄公を愚かしいと思ったから。

エ　日頃から嫌悪していた襄公が窮地に陥りうれしくなったから。

問六 語句　傍線部⑤「宋襄之仁」は現代にも残る故事成語であるが、その意味として適当なものを次から選べ。［4点］

ア　余計な手助けをしてかえって駄目にしてしまうこと。

イ　古い物事にとらわれて融通のきかないこと。

ウ　何事も言い出した者から実行するべきだということ。

エ　つまらない情けをかけてかえってひどい目にあうこと。

問七 訓読　傍線部⑥「君未レ知レ戦。」を書き下し文に改めよ。（文末の「と」は不要）［4点］

問八 内容　傍線部⑦「有レ君而無レ臣。」の意味として適当なものを次から選べ。［4点］

ア　優れた君主がいたが、それを支える優秀な臣下はいなかった。

イ　優れた君主がいて、それを惑わすよこしまな臣下もいなかった。

ウ　暗愚な君主がいたが、それを惑わすよこしまな臣下もいなかった。

エ　暗愚な君主がいて、それを支える優秀な臣下もいなかった。

問九 内容　【文章Ⅰ】【文章Ⅱ】【文章Ⅲ】について、⑴「襄公」に対する評価が他の二つと異なっているものを一つ選び、⑵どのような点が異なっているのかを、「～点。」に続く形で、二十字以内で答えよ。［4点×2］

⑴ 文章

⑵

点。

「読み比べ」問題に取り組む際のポイント

近年、大学入試では、一題に複数の文章を提示し、比較・関連付けを行ったうえで解答させる「読み比べ」問題の出題が増えている。

古文・漢文分野の「読み比べ」問題では、複数の文章がすべて古文もしくは漢文の場合が多いが、古文と漢文の組み合わせや、古文もしくは漢文と現代文（会話文含む）の組み合わせで出題される場合もある。

ここでは、複数の古文作品・漢文作品の「読み比べ」を行う際の着眼点をまとめた。

複数の文章を読む際の着眼点

1 関係性を捉える

提示された複数の文章が、互いにどのような関係にあるのかを捉える必要がある。「文章Aと文章Bは同じ話題を扱っている。」「文章Aは文章Bをもとに書かれた文章である。」のように、問題のリード文に文章どうしの関係性が提示されている場合があるので参考にするとよい。

「読み比べ」問題では、原作とその注釈書が出題されることがある。注釈書とは、ある作品について、後世の人が原作の内容を分析・解説したもので、注釈者の感想や評価を記している場合もある。また、異なる筆者による注釈書どうしの「読み比べ」問題が出題される場合もある。

古文作品と漢文作品との「読み比べ」問題では、中国の古典文学作品（漢文）と、その内容や筋をもとにして別の作品に書き改めた翻案作品（古文）が出題される場合がある。

翻案作品の例

『唐物語《から》』…中国の故事を翻案した平安時代の説話集

『伽婢子《おとぎぼうこ》』（浅井了以《あさいりょうい》）…中国白話小説を翻案した江戸時代の仮名草子

『雨月《うげつ》物語』（上田秋成《うえだあきなり》）…和漢の古典に取材した江戸時代の怪異小説集

2 共通点を捉える

異なる複数の文章を読み比べるとき、多くの場合、それらの間に何らかの共通点が存在する。どのような「共通の土台」を持っているかを見つけることが、「読み比べ」の第一歩である。

1の関係性を捉えることができていれば、共通点を捉えることも難しくはないだろう。たとえば、1であげた漢文作品とその翻案作品との「読み比べ」問題の場合、内容や登場人物、場面・状況はほぼ共通している。

3 相違点を捉える

複数の文章の間に「共通の土台」を見いだしたとしても、「読み比べ」問題にそれらの文章が示されているということは、それらの間に何らかの差異があると考えてよい。

たとえば、1で示した原作とその注釈書との「読み比べ」問題では、出来事や登場人物の言動に対する注釈者の感想や評価が加わることにより、新たな解釈や視点が提示される場合がある。また、1で示した漢文作品とその翻案作品との「読み比べ」問題では、漢文から古文に改められたことによる文体・表現の違いのうえに、内容にも違いが見られる。

共通点・相違点を探す際の観点

複数の文章間の共通点・相違点を捉えるには、各文章をしっかり読み取ったうえで、次の観点に注目するとよい。

- 作者…同じか別か
  ものの見方・考え方（感想・評価）
- 内容…テーマ（主題）・ジャンル
- 登場人物…心情・会話・行動
- 場面・状況…場所・時間
- 表現…描写（会話・情景）・文体・語彙

訂正情報配信サイト
利用に際しては、一般に、通信料が発生します。

https://dg-w.jp/f/dceec

ニューフェイズ　漢文　必修

2024年１月10日　初版第１刷発行
2025年１月10日　初版第２刷発行

編　者　第一学習社編集部
発行者　松　本　　洋　介
発行所　株式会社　第一学習社

広　島：〒733-8521　広島市西区横川新町７番14号　☎082-234-6800
東　京：〒113-0021　東京都文京区本駒込５丁目16番７号　☎03-5834-2530
大　阪：〒564-0052　吹田市広芝町８番24号　☎06-6380-1391
札　幌：☎011-811-1848　仙　台：☎022-271-5313　新　潟：☎025-290-6077
つくば：☎029-853-1080　横　浜：☎045-953-6191　名古屋：☎052-769-1339
神　戸：☎078-937-0255　広　島：☎082-222-8565　福　岡：☎092-771-1651

ホームページ　https://www.daiichi-g.co.jp/

技能別採点シート

※「句形」欄には「基本句形の整理」の点数も加えて書き込みましょう

		知識・技能					思考力・判断力						
		語句	句形	訓読	訓点	知識	内容	文脈	理由	口語訳	主題	本文の展開	合計
	導入 訓読のきまり												/50
	導入 再読文字												/50
	導入 助字・置き字												/50
	1	/12	/8	/5				/15		/6		/4	/50
	2	/6	/8	/5	/6		/7	/7	/8			/3	/50
	3	/13	/8	/4			/7	/7		/7		/4	/50
	4	/12	/8	/5			/7	/7		/7		/4	/50
	5	/9	/8	/6			/6	/5	/6	/6		/4	/50
	6	/6	/8	/4	/7		/14		/7			/4	/50
	7	/12	/8		/5		/7	/7		/7		/4	/50
	8	/9	/8	/3	/5		/7	/7	/7			/4	/50
	9	/9	/6		/6		/12	/6			/7	/4	/50
	10	/9	/8	/4	/4		/7	/7			/8	/3	/50
	11	/6	/8	/5	/6		/7	/8		/6		/4	/50
	12	/6	/8	/6			/13	/13				/4	/50
	13	/9	/8	/3	/5		/7		/7		/7	/4	/50
	14	/9	/8	/3	/5		/14	/7				/4	/50
	15	/9	/8	/4	/4		/6			/7	/8	/4	/50
	16	/5	/8	/4		/8		/14			/7	/4	/50
	17	/9	/8	/6			/6	/11			/7	/3	/50
	18	/6	/8	/5	/6		/14	/7				/4	/50
	19	/13	/8		/4		/7	/14				/4	/50
	20	/6	/8	/5	/6			/13			/8	/4	/50
	21	/9	/8	/4	/4		/14	/7				/4	/50
	22	/11	/8	/5			/7		/8	/7		/4	/50
	23	/6	/8	/5	/6		/7	/7			/8	/3	/50
	24	/9	/14				/6	/6		/6	/7	/2	/50
	25	/9	/8	/4			/6	/6		/6	/7	/4	/50
読み比べ	1	/8			/6	/11	/13	/12					/50
読み比べ	2	/16		/4			/12	/9	/5	/4			/50